FACULTÉ DE DROIT DE PARIS

LES ENQUÊTES PARLEMENTAIRES

THÈSE POUR LE DOCTORAT

PAR

René DEGOMMIER

PARIS
TYPOGRAPHIE MORRIS PÈRE ET FILS
64, RUE AMELOT, 64

1899

THÈSE

POUR LE DOCTORAT

LES ENQUÊTES PARLEMENTAIRES

THÈSE POUR LE DOCTORAT

L'ACTE PUBLIC SUR LES MATIÈRES CI-APRÈS

Sera soutenu, le Vendredi 27 Octobre 1899, à 3 heures 1/2

PAR

René DEGOMMIER

PRÉSIDENT : M. CHAVEGRIN

SUFFRAGANTS : { MM. ESMEIN, LESEUR, } *Professeurs.*

PARIS

TYPOGRAPHIE MORRIS PÈRE ET FILS

64, RUE AMELOT, 64

1899

À MON PÈRE

ET À MA MÈRE

CHAPITRE PREMIER

Du droit d'Enquête.

On entend par enquête parlementaire l'investigation à
laquelle une Assemblée législative se livre par certains de ses
Membres, auxquels elle donne mission de s'entourer de tous
renseignements sur un ordre de faits déterminé.

Il s'agit donc d'une opération ordonnée par le Pouvoir
législatif ou l'un de ses organes — poursuivie par ses soins —
et devant servir à préparer sa décision sur l'objet de l'enquête.
Le Pouvoir exécutif n'intervient dans cette opération que
d'une manière indirecte : il ne peut opposer de veto à l'enquête, non plus qu'il ne peut en arrêter ou en limiter le développement. Il ne peut qu'user de son influence sur la
Chambre pour obtenir d'elle, soit qu'elle n'ordonne pas l'enquête, soit qu'elle limite le mandat et les pouvoirs de sa
Commission, soit qu'elle arrête la marche de cette dernière
si elle outrepasse ses droits.

Il y a donc lieu de distinguer avec soin les enquêtes parlementaires des enquêtes extraparlementaires, qui sont, au
contraire, ordonnées par le Gouvernement, dont l'objet est
défini par ce dernier et qui sont confiées à des Commissions
nommées par lui. En droit, la confusion est impossible entre
ces deux catégories d'enquêtes ; il n'en est pas toujours de
même en fait : il arrive, en effet, que l'enquête extraparlementaire est décidée sous la pression d'une Chambre, sur un

ordre de faits que celle-ci veut élucider, et le Gouvernement est alors dans l'usage de faire dans la composition de la Commission une large part à l'élément parlementaire.

L'enquête parlementaire est donc une opération à laquelle le Pouvoir législatif prend seul part. C'est une opération préparatoire à une décision, et comme telle on peut la rapprocher du travail d'examen et de recherches qui se fait dans les diverses Commissions chargées par les Chambres d'étudier les projets qui leur sont soumis. Mais elle présente un caractère spécial : l'enquête met, en effet, le Pouvoir législatif en rapports directs avec les collectivités ou les individus auprès desquels la Commission juge nécessaire de rechercher ses renseignements. La Chambre, dont les rapports sont limités, en principe, aux Membres du Gouvernement, s'extériorise, en quelque sorte, par l'intermédiaire de sa Commission qui sort de l'enceinte législative pour rechercher sur place les renseignements qu'elle doit réunir, qui s'adresse aux particuliers, aux Corps élus, voire même aux Administrations locales ou centrales. Dans ces conditions, l'enquête paraît constituer un mode de fonctionnement nouveau de l'organe législatif, et dès lors on doit se demander s'il est régulier et s'il ne faut pas y voir une usurpation du Pouvoir législatif sur l'exécutif.

La Constitution de 1875 n'a pas explicitement consacré le droit d'enquête des Chambres législatives, non plus d'ailleurs que les Constitutions antérieures. Mais, en matière constitutionnelle, il est admis que l'on peut suppléer au silence des textes par les usages et les précédents. Si l'on se place à ce point de vue, le droit des Chambres n'est pas douteux et l'histoire du régime représentatif à l'Étranger comme en France, nous en donne de nombreux exemples.

Le droit d'enquête s'exerce depuis fort longtemps en Angleterre et les historiens (1) le font remonter au règne d'Edouard II. L'on a pensé en voir l'origine dans le pouvoir de juridiction de la Chambre des Lords, ou plus exactement du *Magnum Concilium* qui l'a précédé. Les premières enquêtes que l'on a relevées ont cependant un caractère plutôt politique (2); mais il serait bien difficile d'en déterminer la portée. Lorsque l'on en vint au système classique de la souveraineté du Parlement (3), le droit d'enquête eut une base juridique des plus solides, d'autant plus que les premières enquêtes furent faites par des Commissions mixtes des Lords et des Communes: *Joint Committees of both Houses.* Depuis 1695, il semble que l'on ait renoncé à ces Commissions mixtes: mais chaque Chambre exerce de son côté le droit d'enquête qui se trouve sanctionné soit par les privilèges généraux (4), soit par des actes législatifs particuliers (Statut 21 et 22, Victoria, ch. 78, 2 août 1858; Statut 34 et 35, Victoria, ch. 83, 16 août 1871; Statut 55 et 56, Victoria, ch. 64, 28 juin 1872) (5).

L'usage des enquêtes parlementaires en Angleterre a pris un grand développement aux xviime et xviiime siècles ; il est peu de matières électorales, politiques, économiques, auxquelles cet usage ne se soit pas appliqué (6).

(1) Fromageot, *Étude sur les pouvoirs des Commissions politiques d'enquête en Angleterre,* p. 5.

(2) Fromageot, loc. cit.

(3) Thomas Smith, *De republica anglorum,* liv. II, ch. 2; Blackstone, *Commentaries,* B. I, ch. 2, auteurs cités par Esmein. — *Éléments de Droit constitutionnel français et comparé,* p. 36. (Édit. 1899.)

(4) Fromageot, op. cit. p. 28.

(5) De Franqueville (*Le Gouvernement et le Parlement britanniques,* t. III, p. 368) cite cependant plusieurs cas de Commissions mixtes nommées depuis 1864; mais il semble qu'il s'agisse là plutôt de Commissions d'étude que de Commissions d'enquête proprement dites.

(6) Block, *Dictionnaire politique et social* (1896). — V. Enquête.

Il n'a pas eu une importance moindre dans la période contemporaine, ainsi d'ailleurs que le prouvent, en dehors de toute énumération, les dates des actes cités plus haut. Il faut remarquer cependant que les pouvoirs donnés aux Tribunaux en matière de contentieux électoral ont diminué, mais non pas supprimé complètement, les enquêtes électorales, qui sont, le plus souvent d'ailleurs, confiées à des Commissions royales. (DE FRANQUEVILLE, op. cit. t. 2, p. 515 et suiv.).

A l'Étranger, de nombreuses constitutions ont expressément consacré le droit d'enquête parlementaire (1), et il est remarquable que cela n'est pas spécial aux pays qui ont adopté le Gouvernement de Cabinet en dehors des États doués d'un Gouvernement libéral, comme celui des États-Unis d'Amérique, il existe même des Constitutions autoritaires qui ont admis le droit d'enquête. (Constitution Prussienne, art. 82.)

En France, les premières enquêtes proprement dites datent de ce siècle : on a toutefois relevé fort justement l'action des Commissions ou Comités des trois premières Assemblées de la Révolution, qui procédaient à une sorte d'enquête permanente sur les diverses branches de l'Administration (2). Cet état de choses anormal disparut avec la Constitution directoriale qui interdissait au Corps législatif la délégation de ses fonctions à un ou plusieurs de ses Membres. (Art. 45.)

Il ne pouvait être question d'enquête parlementaire sous la Constitution de l'an VIII. La Charte de 1814 n'en parlait

---

(1) Voir notamment Constitution belge, art. 40. — Constitution des Pays-Bas, art. 90.

(2) ESMEIN, op. cit. p. 730.

pas : mais si l'on tient compte de ce qu'elle était inspirée par
l'exemple de l'Angleterre, ce silence ne devait pas être inter-
prété dans un sens défavorable. Aussi peut on relever en 1828
une enquête économique sur le régime des sucres. La mise
en accusation du Ministère de Charles X donna lieu à une
enquête judiciaire de la part de la Chambre des Députés.
La première enquête électorale eut lieu en 1842 et donna lieu
à un certain nombre d'incidents de procédure que nous aurons
à rappeler, entre la Commission et le Gouvernement. La
République de 1848 se servit de ces précédents et conféra
même des pouvoirs extraordinaires à une de ses Commissions.
(Enquête sur les événements de juin 1848). Il n'y eut pas
d'enquête parlementaire d'aucune sorte sous la Constitution
de 1852, bien que le Corps législatif eut conservé le droit de
vérifier les pouvoirs de ses Membres (1). Enfin, depuis les
événements de 1870, de nombreuses enquêtes ont été ordonnées et des exemples récents ont montré que le Parlement,
et plus spécialement la Chambre des Députés, étaient peu
disposés à renoncer à se servir de cet instrument ; c'est
surtout durant cette dernière période que les Commissions
d'enquête ont pris une grande importance et ont obtenu les
plus grandes concessions de la part du Gouvernement.

Le droit d'enquête des Chambres résulte donc en France, à
défaut de textes, d'une longue série de précédents. Mais dans
un régime parlementaire tel qu'il est pratiqué dans notre
pays, ce défaut de textes est des plus dangereux, car il
conduit, en fait, à une usurpation continue du législatif sur les

(1) Il semble cependant résulter d'un rapport de M. LEMERCIER au
Corps législatif (séance du 2 décembre 1857), que ce Député considérait
que le droit d'enquête existait encore, au moins en matière électorale.
(PIERRE, *Traité de Droit politique*, p. 598, note 1.)

autres pouvoirs. Il est donc nécessaire de rechercher quelles doivent être les limites du droit d'enquête des Chambres et pour cela, il faut en trouver d'abord la justification théorique.

L'enquête n'est qu'un moyen de préparer une décision de la Chambre; l'autorité qui a qualité pour prendre une décision, a, en principe, qualité pour la préparer et pour instruire les affaires qui lui sont soumises. Cela n'est pas toujours exact et l'on peut citer le cas d'autorité, n'ayant que le pouvoir de décision : il en est ainsi notamment des Conseils généraux, auxquels la Loi du 10 août 1871 a donné le pouvoir de délibérer en laissant au Préfet (art. 3), l'instruction des affaires intéressant le département. Mais cela est exceptionnel et, comme le dit Thonissen : « le droit d'enquête est une « conséquence naturelle du droit d'initiative ; comme les « Chambres possèdent la faculté de proposer des lois nou- « velles, elles doivent, par cela même, être mises en mesure « de se procurer les renseignements nécessaires pour exercer « utilement cette importante prérogative » (1).

De même, Hello pensait que le droit d'enquête tient à la nature des choses et qu' « il est inhérent à tout Pouvoir qui « délibère, qui vote, qui décide, et qui, dans ce but même, « a besoin de connaître la vérité. Il serait illusoire que l'en- « quête ne se fît pas directement par le Pouvoir qui a besoin « de s'éclairer et qu'il fut obligé de la faire faire par l'inter- « médiaire d'un autre; celui-là seul peut instruire qui doit « juger. Il serait contradictoire surtout qu'il recourut, pour « le faire, au Pouvoir qu'il surveille et qui peut être en cause « devant lui » (2).

(1) Cité par PIERRE, p. 598, note 2.
(2) *Du Régime constitutionnel*, 3ᵉ édit. t. II, p. 118. (Cité par ESMEIN, op. cit. p. 731.)

Le droit d'enquête est donc légitime dans son principe et en tant qu'il sert à préparer la décision d'une Chambre. Mais il trouve sa limite dans cette formule même. Dès lors, il ne doit pas être employé à vide, sur une matière qui ne soit pas de la compétence de la Chambre et sur laquelle celle-ci ne pourrait prendre de décision (1). Dans ce cas, en effet, il perd toute raison d'être logique pour devenir une mesure purement vexatoire et inutile dont un parti politique peut se servir pour combattre ses adversaires (2). Il en est de ce droit comme des pouvoirs restrictifs des droits des citoyens qui ont été donnés aux Magistrats, non pour en user à leur fantaisie, mais pour s'en servir dans un but et dans des circonstances données; de même encore les particuliers abusent du droit de citation et s'exposent à des réparations lorsqu'ils prétendent se servir de la procédure judiciaire sans avoir de droit légal à faire respecter.

L'enquête ne peut donc être légitimement ordonnée que dans les limites de la compétence de la Chambre. Nous allons rechercher l'application de cette idée aux diverses fonctions du Pouvoir législatif, ce qui nous amènera à distinguer plusieurs sortes d'enquêtes parlementaires : cette distinction a d'ailleurs un intérêt pratique sur lequel nous aurons à insister.

La fonction essentielle du Pouvoir législatif est celle de laquelle il tient son nom, le vote de la loi. Nous prenons ici le mot loi dans son sens général et formel, y comprenant même les actes d'administration réservés aux Chambres par la Constitution. Le vote de la loi entraîne le plus souvent le

(1) HELLO, op. cit.

(2) CF., *Gazette des Tribunaux*, 12 juillet 1897 : De la comparution des Magistrats devant les Commissions parlementaires.

droit de préparation. Il n'en est pas toujours ainsi cependant : sous la Constitution de l'an VIII, par exemple, le Corps législatif n'avait pas la préparation de la loi, qui était partagée entre le Gouvernement, le Conseil d'Etat et le Tribunat. Le Corps législatif n'avait même pas le droit de discussion. Il s'en suit qu'il ne pouvait avoir le droit d'enquête.

La même question peut se poser dans le cas où les Chambres, tout en ayant le droit de discussion, n'ont pas le droit d'initiative, ni celui d'amendement. La préparation est alors réduite à son strict minimum et se borne à une discussion des projets soumis à leur délibération, soit en Commission, soit en séance publique. On concevrait difficilement alors qu'il leur fût permis de se servir du procédé compliqué et lent de l'enquête pour éclairer cette discussion, alors qu'elles n'auraient pas le droit, au cas où cette enquête leur indiquerait des solutions différentes de celles qui leur sont proposées, de statuer sur les conclusions de leur Commission.

Dans les Constitutions où le droit d'initiative et d'amendement appartient aux Membres des Chambres législatives, le droit d'enquête est, au contraire, pleinement justifié. Il permet aux Chambres de se rendre compte des intérêts du pays, en recueillant des renseignements auprès des représentants du commerce, de l'agriculture, de l'industrie, en étudiant sur place les rapports entre telle ou telle catégorie de citoyens.

Une enquête bien menée, en dehors de tout intérêt de parti, peut éclairer la Chambre sur la valeur réelle d'une agitation plus ou moins factice et sans base sérieuse, en faveur de tel ou tel projet qu'une minorité turbulente, et que le Gouvernement veut ménager, chercherait à lui imposer ; elle peut lui dévoiler les causes d'un antagonisme dangereux pour la paix publique et lui montrer jusqu'à quel point une transaction est possible et nécessaire entre des intérêts rivaux. Elle est, le plus souvent, une œuvre de justice, car elle permet aux divers intéressés de se faire entendre et de défendre leur cause. On pourrait reprocher parfois aux enquêtes d'obscurcir le débat en recueillant des renseignements contradictoires où il devient difficile de discerner la vérité et la justice, ce qui, en définitive, ne permettrait pas d'arriver à des résultats pratiques. Mais c'est le plus souvent par la faute des enquêteurs qu'on aboutit à un échec et le principe même de l'enquête ne saurait en recevoir aucune atteinte. L'enquête est une forme de l'étude et l'on ne saurait reprocher au Parlement de trop étudier ses projets de loi. Les enquêtes faites en vue de la préparation de la loi sont désignées généralement sous le nom d'enquêtes économiques.

La seconde fonction du Pouvoir législatif consiste dans le contrôle de l'exécutif. Ce contrôle existe, à un degré plus ou moins grand, dans toutes les Constitutions; car toutes les Chambres ont le droit de voter le budget, et de ce droit primordial découle pour elles la possibilité de critiquer les actes du Gouvernement. La différence est dans l'étendue et dans la sanction du droit de contrôle. A ce point de vue, il faut distinguer le régime simplement représentatif, où le droit de critiquer des Chambres n'a pas de sanction pratique immédiate, du régime parlementaire dans lequel le sort du Cabinet est lié à la confiance que les Chambres manifestent dans sa politique.

L'exercice du contrôle par les Chambres peut nécessiter une enquête : c'est ce que l'on entend par les enquêtes politiques.

Il n'est pas besoin d'insister longuement pour démontrer ici la légitimité de l'enquête : le contrôle porte, en effet, non seulement sur les idées générales qui doivent inspirer la politique du Gouvernement, mais encore sur les faits par lesquels se manifeste cette politique. Or, la Chambre serait désarmée si elle devait attendre uniquement des Ministres auxquels elle demande compte de certains actes irréguliers qui leur sont imputés, soit à eux-mêmes, soit aux administrations dont ils sont responsables, les renseignements d'après lesquels elle devrait se décider.

Il ne s'agit d'ailleurs ici que de la responsabilité politique des Ministres, responsabilité qui, selon la nature du Gouvernement, est purement morale et tantôt aboutit à leur chute. Il est une autre responsabilité, d'ordre pénal, et qui permet aux Chambres de mettre en accusation, et même de juger les Ministres qui se sont rendus coupables de crimes dans l'exercice de leurs fonctions. Les enquêtes qui ont pour but de mettre en jeu cette responsabilité ne sont pas, selon nous, des enquêtes politiques, et nous aurons bientôt à les étudier avec les fonctions judiciaires des Chambres.

Les enquêtes politiques ne peuvent donc se présenter utilement qu'à l'égard des Ministres en fonctions; en ce qui concerne les anciens Ministres, en effet, elles ne pourraient tendre qu'à une mise en accusation, et elles auraient un caractère judiciaire.

Dans ces conditions, l'intérêt de ces sortes d'enquêtes apparaît d'une manière évidente dans le régime simplement représentatif. Le Ministère ne dépendant pas du Parlement, ce dernier a besoin, pour contrôler son action, de rechercher de toutes parts des renseignements qu'on ne lui donnerait pas de bonne volonté. D'autre part, s'il veut que ses critiques aient une certaine portée et qu'elles puissent aboutir auprès du Chef de l'Etat, il faut qu'elles soient justifiées d'une manière

précise et concluante. Mais précisement, en raison de l'indépendance relative des Ministres, une enquête pareille sera
fort difficile à mener et elle se heurtera souvent à une mauvaise volonté et à des atermoiements qui la rendront inutile.

Dans le régime parlementaire, l'enquête politique ne se
comprend guère à l'égard du Cabinet qui est au Pouvoir. On
ne peut y voir, en effet, une preuve de confiance de la part
de la Chambre qui l'ordonne, et le Ministère se retirera plutôt
que de l'accepter, à moins de supposer le cas bien improbable
où l'enquête demandée par l'opposition lui paraîtrait devoir
tourner à son avantage et lui ramener la confiance vacillante
de la majorité.

Il n'en serait pas ainsi, cependant, si la Chambre qui
ordonne l'enquête n'avait pas le pouvoir de faire tomber le
Cabinet. On serait alors dans une situation sensiblement
analogue à celle que nous venons d'étudier à propos du régime
simplement représentatif : mais il serait sage alors pour la
Chambre de s'abstenir de prendre une mesure qui pourrait
aboutir à un conflit avec l'autre Chambre, conflit dans lequel
elle risquerait de n'avoir pas le dernier mot et de compromettre son autorité.

En dehors de leurs attributions relatives à la confection de
la loi et un contrôle du Gouvernement, les Chambres peuvent
avoir des fonctions d'ordre judiciaire. Ces fonctions ont trait
soit à la vérification des pouvoirs de leurs Membres, soit à la
juridiction criminelle qui leur est dévolue dans certains cas
exceptionnels par la Constitution.

Que la vérification des pouvoirs de leurs Membres par les
Chambres donne lieu, en cas de contestations, ou, pour em-
ployer un mot plus technique, en cas de protestations, à un
débat véritablement contentieux, cela n'est pas admis par

tout le monde et des auteurs, non des moins considérables, ont vu dans ce droit une attribution de souveraineté et non une fonction judiciaire. Il en résulterait notamment que « les élections législatives échappent à tout recours conten- « tieux » (1), et encore que « la Chambre, statuant en matière « de vérification de pouvoirs, n'est liée ni par le texte des « lois, ni par les décisions du suffrage universel. Elle est « souveraine, d'une souveraineté absolue et sans réserve » (2). Cette doctrine prétend trouver sa base dans le texte de l'article 10 de la loi constitutionnelle du 16 juillet 1875 : « Chacune « des Chambres est juge de l'éligibilité de ses Membres et de « la régularité de leur élection... » On ajoute qu'aucune voie de recours n'est possible contre la décision de la Chambre.

En réalité, le texte invoqué paraît bien condamner cette opinion : il parle de juge, et, lors même qu'il eut ajouté le mot souverain, ce qui n'est pas, ce terme aurait eu un sens juridique précis, à savoir que toute voie de recours était interdite. Mais cette absence de recours qui s'explique par la qualité du juge, ne dispense pas ce dernier d'observer et d'appliquer la loi, pas plus d'ailleurs qu'elle n'en dispense le Conseil d'Etat ou la Cour de Cassation.

Si le texte de la loi constitutionnelle paraissait insuffisant pour déterminer le caractère des décisions de la Chambre statuant en matière de vérification de pouvoirs contestés, ce caractère résulterait de l'examen de l'acte lui-même. Il s'agit, en effet, d'une décision sur un véritable litige, né de la lésion d'un droit, et dont le caractère contentieux n'est pas contesté

---

(1) LAFERRIÈRE, *Traité de la Juridiction administrative*, t. II, p. 297. (Édit. 1888.)

(2) PIERRE, *Traité de Droit politique*, p. 360, (Édit. 1893.)

lorsqu'il s'agit de toutes autres élections. La Chambre alors
« fait fonction de tribunal » (1). L'absence d'une procédure
régulièrement déterminée par la loi peut être regrettable : il
ne serait pas possible d'en tirer une conséquence contraire,
sans nier l'existence de la plus grande partie du contentieux
administratif dans la première partie de ce siècle et jusqu'à
une époque assez rapprochée.

Cette discussion était indispensable pour déterminer le
caractère des enquêtes électorales : le droit d'enquête est ici
le corollaire indispensable du droit de vérifier les pouvoirs ;
ce droit est commun à toutes les juridictions ; il se confond
avec le droit d'instruire et de préparer le jugement. Son
utilité est non moins évidente : comment la Chambre pourrait-elle juger sur pièces plus ou moins authentiques, sans
recourir aux dépositions des témoins de l'élection, si celle-ci
est véritablement l'expression loyale de la volonté de la majorité ? L'enquête électorale est donc une fonction judiciaire et
nous aurons plus tard à en déduire les conséquences.

A ce point de vue, il y a lieu de distinguer l'enquête ordonnée en vue de la vérification d'une élection particulière de
l'enquête prescrite sur l'attitude du Gouvernement dans toute
une série d'élections ; cette dernière n'est pas nécessairement
une enquête judiciaire et elle ne le devient que si elle est faite
en vue de préparer la mise en accusation du Ministère : dans
tout autre cas c'est une enquête politique.

Les Chambres ont en effet, comme nous l'avons déjà dit,
des pouvoirs de juridiction criminelle : cela se présente dans
beaucoup de Constitutions, comme l'une des sanctions les
plus énergiques de leur droit de contrôle sur le Pouvoir exé-

(1) ESMEIN, op. cit. p. 732.

cutif, et cela est ainsi réglé en France par l'article 12 de la loi
constitutionnelle du 16 juillet 1875. Le Sénat fonctionne alors
comme Cour de justice après la mise en accusation prononcée
par la Chambre des Députés ou encore sur un décret du Président de la République.

La mise en accusation est presque nécessairement précé-
dée d'une enquête, qui permet à la Chambre de s'assurer si les
faits reprochés aux Ministres ont un caractère suffisant de
gravité et s'ils paraissent assez établis pour que l'on saisisse
la Haute-Cour. Cette enquête, nous l'avons dit, est une enquête
judiciaire, car elle a pour but de préparer une véritable décision judiciaire, soit un arrêt de mise en accusation. On a
contesté ce caractère en prétendant que le droit d'accusation
n'était en réalité qu'un droit de dénonciation, que la Chambre
des Députés remplissait ici le rôle non d'une juridiction d'instruction, mais bien plutôt celui du Ministère public, et que
l'instruction comme le jugement appartenaient au seul
Sénat (1). Cette théorie a contre elle, non pas seulement le
texte fort concis et sujet à erreur de la loi du 16 juillet 1875,
mais encore le seul précédent que l'on puisse utilement invoquer, le procès des Ministres de Charles X, en 1830, devant la
Cour des Pairs. La Chambre, très nettement, se reconnut le
droit d'instruire et sa résolution fut regardée par la Cour des
Pairs comme un véritable arrêt de mise en accusation (2). Cela
résulte des termes de l'arrêt rendu par la Commission d'instruction le 29 novembre 1830 : « Considérant que par la réso-
« lution de la Chambre des Députés sus datée, les sieurs de
« Polignac, etc..., sont *accusés et traduits* devant la Cour

<hr>

(1) Michon, *Les Enquêtes parlementaires*, p. 10 et suiv.
(2) Pierre, *Traité de Droit politique* (1893), p. 642, 647 et 648.

« des Pairs ». De même l'arrêt de condamnation du 21 décembre 1830 vise non pas l'arrêt de forme rendu par sa Commission d'instruction, mais bien la résolution de la Chambre des Députés.

A la vérité, on cherche à affaiblir ce précédent en l'expliquant par les circonstances particulières où l'on se trouvait et notamment par ce fait, que la Cour des Pairs ne voulut pas annuler la procédure suivie par la Chambre des Députés pour des raisons politiques ; le précédent n'en subsiste pas moins et sa valeur pratique est d'autant plus grande que la loi promise par l'article 12 de la loi du 16 juillet 1875 pour régler la procédure en cette matière n'a pas encore été faite (1).

En dehors de ces arguments de texte et de jurisprudence, il paraît bien téméraire de chercher à appliquer, dans une hypothèse aussi manifestement exceptionnelle, non pas les principes généraux du droit pénal, mais les divisions que suit normalement une instruction criminelle ordinaire ; en donnant à la Commission d'enquête de la Chambre un caractère judiciaire, on n'attente en aucune manière au droit des prévenus, auxquels on assure les garanties d'une instruction régulière et contre lesquels la mise en accusation n'intervient ainsi que lorsqu'ils ont été mis à même de se défendre.

Le Sénat constitué en Cour de justice, soit à la suite d'une mise en accusation de la Chambre, soit à la suite d'un décret du Gouvernement, a, lui aussi, le droit d'enquête. Dans le second cas, cette enquête constituera même l'instruction proprement dite et se terminera par un arrêt de mise en accusation (art. 11,

(1) Cette interprétation a été consacrée encore par la Commission nommée le 18 novembre 1880, pour faire une enquête sur les actes de M. le général de Cissey pendant son ministère, et qui se reconnut investie d'un mandat judiciaire. (PIERRE, *Traité de Droit politique*, p. 612.)

loi du 10 avril 1889). Dans le premier cas, alors qu'il y a eu déjà une instruction faite par la Chambre d'accusation, il peut y avoir lieu à une instruction supplémentaire destinée à mettre l'affaire complètement en état, mais qui ne peut donner lieu, de la part de la Commission qui en est chargée, à une décision contraire à celle de la Chambre, soit à un arrêt de non lieu, par exemple. Il serait inadmissible et contraire au texte de l'article 12 de la loi du 16 juillet 1875 que le Sénat ne statue pas en entier sur l'accusation prononcée par la Chambre. Nous avons déjà dit que, lors du procès de 1830, la Commission de la Chambre des Pairs, dans son arrêt de clôture, ne fît que constater le renvoi des accusés devant la Cour et se borna à prendre des mesures d'ordre pour assurer leur jugement.

L'instruction faite par le Sénat a été soigneusement distinguée des enquêtes parlementaires (1). Cependant, si l'on admet avec nous qu'il existe des enquêtes parlementaires d'ordre judiciaire, l'on ne voit guère la différence essentielle qui distingue l'enquête du Sénat de celle de la Chambre, en matière criminelle, ou encore, à un point de vue plus large, des enquêtes électorales. Les unes et les autres sont des instructions tendant à préparer une décision judiciaire ou contentieuse, d'ordre criminel ou d'ordre administratif. Elles se distinguent par là des enquêtes politiques ou économiques.

Toutefois, bien que l'enquête faite par le Sénat en matière d'attentat contre la sûreté de l'État soit de même nature que les autres enquêtes judiciaires faites par les Chambres, nous n'aurons pas à en traiter, car, à leur différence, elle a été

____

(1) Michon, op. cit. p. 9.

réglementée dans ses détails par la loi du 10 avril 1889, qui a précisé les pouvoirs de la Commission et déterminé son fonctionnement.

La légitimité des enquêtes parlementaires d'ordre économique, d'ordre politique ou d'ordre judiciaire, résulte de ce qu'elles servent à préparer la décision de la Chambre dans une matière où celle-ci est compétente. Il ne saurait en être de même, si la Chambre, en ordonnant l'enquête, poursuivait un but manifestement en dehors de ses attributions.

Cette théorie s'applique tout d'abord à l'égard des Membres des Chambres. Les Assemblées politiques ont vis-à-vis de leurs Membres un pouvoir de discipline nettement délimité. Ce pouvoir a pour objet d'assurer la liberté des discussions et le respect de la Constitution par lés orateurs (1).

En dehors de ce point spécial, il ne saurait appartenir aux Assemblées de rechercher, ni de critiquer la conduite des représentants, les motifs de leurs votes, les opinions qu'ils émettent. En un mot, les Chambres n'ont pas à exercer, à l'égard de leurs Membres, un droit de censure analogue à celui qui appartient à d'autres corps, par exemple aux Chambres de discipline des officiers ministériels. Elles ne peuvent prononcer, non pas seulement leur suspension ni leur exclusion définitive, mais même leur indignité morale. Cette impuissance s'explique aisément par le danger de l'oppression que la majorité pourrait exercer à l'égard des Membres de la minorité dans un but purement politique et pour satisfaire des passions ou des haines de parti. Malgré les termes de la loi constitutionnelle du 16 juillet 1875 (art. 13), il n'est pas douteux que les représentants puissent être l'objet de poursuites

____

(1) Pierre, *Traité de Droit politique*, p. 438 et suiv.

pénales lorsqu'ils se sont rendus coupables de délits définis par la loi, dans l'exercice ou à l'occasion de l'exercice de leurs fonctions (art. 177, C. p. modifié par la loi du 4 juillet 1889). Mais cette répression appartient uniquement à l'autorité judiciaire. Le droit de la Chambre se borne, lorsque celle-ci a prononcé contre un représentant reconnu coupable une peine entraînant l'incapacité légale d'exercer son mandat, à constater cette incapacité, sans pouvoir ni critiquer la décision de justice ni surtout y suppléer au cas où le représentant poursuivi aurait été l'objet d'une ordonnance ou arrêt de non-lieu ou d'un acquittement. C'est ainsi qu'en 1887 le Sénat, en prononçant la déchéance de son mandat contre un de ses Membres, condamné par le tribunal correctionnel de la Seine, ne fît qu'appliquer les conséquences de cette condamnation (1). De même en 1888, la Chambre des Députés dut se reconnaître impuissante contre l'un de ses Membres qui, ayant fait l'objet de poursuites correctionnelles, n'avait dû son acquittement qu'à l'insuffisance des textes et avait été flétri moralement par le motif de l'arrêt qui l'avait renvoyé des fins des poursuites (2).

On peut citer toutefois, en sens inverse, l'exemple de l'Angleterre ou de l'Italie, où, parfois, des Commissions furent nommées en vue de rechercher s'il n'y avait pas lieu d'exclure des représentants (3). Cela n'a jamais été soutenu en France.

Mais, si les Chambres françaises ne se reconnaissent pas le droit d'exclure ou de suspendre leurs Membres pour cause

(1) MICHON, op. cit. p. 16.
(2) PIERRE, op. cit. p. 450.
(3) MICHON, op. cit. p. 14 et suiv.

d'indignité, elles n'apportent pas la même réserve en ce qui concerne le jugement purement moral de leur conduite. Le 21 novembre 1892, la Chambre des Députés adopta une résolution ainsi conçue :

« Une Commission d'enquête sera nommée par la Chambre
« des Députés avec les pouvoirs les plus étendus à l'effet de
« faire la lumière sur les allégations portées à la tribune à
« l'occasion des affaires du Canal de Panama. »

Les allégations auxquelles fait allusion cette résolution étaient relatives à des faits de corruption auxquels se seraient prêtés des Députés. Le but poursuivi par cette enquête fut caractérisé de la manière suivante par le Garde des sceaux dans la séance du 8 décembre suivant :

« Je considère, Messieurs, qu'il y a dans le mandat que
« vous avez donné à votre Commission d'enquête quelque
« chose de tout à fait analogue à ces pouvoirs disciplinaires
« que je viens d'indiquer. » (L'orateur venait de parler de
l'autorité disciplinaire de l'Administration sur les fonctionnaires qui en font partie.) « J'estime, en effet, que ce que la
« Chambre a voulu, en constituant cette Commission, ce n'a
« pas été d'établir une juridiction en dehors et au-dessus des
« autres juridictions de ce pays ; j'estime qu'elle a voulu cons-
« tituer une sorte de jury de l'honneur parlementaire.

« Elle a voulu, il me semble, non seulement rechercher
« par tous les moyens et par toutes les voies en son pouvoir
« comment elle pourrait frapper ceux qui, dans le Parlement,
« se seraient rendus indignes de continuer à y siéger ; elle a
« entendu aussi et plus encore peut-être, permettre à ceux
« qui étaient sous le coup de ces accusations vagues et collec-
« tives, etc., de se justifier. »

Il s'agissait donc bien de l'exercice d'une autorité disciplinaire : malgré les déclarations du Garde des sceaux, il ne pouvait s'agir de frapper de peines proprement dites les Membres que l'on aurait déclarés coupables pour les raisons que nous avons exposées plus haut. Des blâmes individuels étaient-ils possibles, du moins ? Nous ne le croyons pas et certains Députés ont fort bien répondu à cet égard que leur conduite ne relevait que de la justice et de leurs électeurs et que la Chambre n'avait pas qualité pour les juger (1).

La question se représenta sous une autre forme en 1897, et à la suite d'une seconde enquête sur les mêmes faits, la Chambre vota, le 30 mars 1898, une résolution blâmant « les immixtions « et participations des hommes politiques dans les négocia- « tions ou opérations financières ayant eu lieu avec les pou- « voirs publics ».

La forme impersonnelle de cette résolution ne la rend pas plus régulière : la Chambre n'avait pas qualité pour juger la conduite de ses Membres compromis, ni individuellement, ni d'une manière générale; ce soin appartenait au seul pouvoir judiciaire. Si des abus s'étaient révélés, l'initiative parlementaire pouvait s'exercer en demandant une réforme législative.

Les enquêtes faites par la Chambre en vue d'exercer ce prétendu droit de critique sont inadmissibles. Il est vrai qu'elles se présentent souvent sous la forme d'enquêtes politiques destinées à assurer le droit du contrôle sur le Gouvernement, et à rechercher les responsabilités encourues par ses agents dans un ensemble de faits donné. Il arrive souvent dans ce cas que l'enquête porte sur des faits qui ont fait ou

(1) Chambre des Députés, séance du 1ᵉʳ juin 1895.

font l'objet d'une instruction judiciaire. L'enquête est alors
motivée par la pensée que le Ministère public, dont le Garde
des sceaux est responsable, n'a peut-être pas exercé les poursuites nécessaires, ou qu'il n'y a pas apporté une énergie suffisante. Une telle enquête pourrait être régulière, si elle se
bornait là. Mais, l'esprit de parti aidant, elle devient bien
vite une enquête personnelle et la Commission prétend
exercer un droit d'investigation, voire même de jugement
qui ne lui appartient pas.

Ce prétendu droit de censure trouve son application sur
d'autres que les Membres mêmes des Chambres, et alors il se
comprend encore beaucoup moins. On pourrait concevoir,
en effet, qu'une Chambre fût à ce point jalouse de sa dignité
qu'elle s'attribuât, en dehors de son droit strict, le pouvoir
de critiquer la conduite de ses Membres. Mais lorsqu'elle
s'adresse à des étrangers, l'on ne voit vraiment pas sur quoi
elle pourrait baser cette prétention. Cet abus de pouvoir s'est
rencontré dans des circonstances récentes, mais il a une origine plus lointaine. Dans un rapport présenté le 10 avril 1832
au nom de la Commission d'enquête sur le déficit Kessner,
M. Martin du Nord disait : « Elle (la Chambre) traduit à sa
« barre, porte à la connaissance du pays, flétrit d'une écla-
« tante reprobation les abus, les désordres, les prévarications,
« et forte de cette autorité que lui donne le mandat qui l'a
« instituée, sa voix doit être écoutée, et l'avenir ne peut
« manquer de profiter des leçons du passé » (1). La généra-
lité de ces termes n'aurait peut-être pas une portée excessive
si l'on prenait toujours le soin de suivre jusqu'au bout le rapport de M. Martin du Nord qui ne s'occupait alors que des

____

(1) PIERRE, op. cit. p. 597, note 1.

abus administratifs. Or, ceux-là relèvent, par la responsabilité politique des Ministres, du droit de contrôle des Chambres. Mais ces formules trop larges ont exercé, par la suite, une détestable influence en faisant croire aux Chambres qu'elles avaient un droit d'appréciation et de critique sur tout ce qui leur paraît intéresser le pays. C'est ainsi que la résolution du 30 mars 1898, que nous avons déjà citée, blâmait certains fonctionnaires de l'ordre judiciaire, alors que ce blâme ne pouvait être adressé qu'au Ministre responsable, les Chambres n'ayant aucune autorité sur les fonctionnaires et ne pouvant les atteindre que par l'intermédiaire du Cabinet.

Il en serait de même à l'égard des simples particuliers qui, ni directement, ni indirectement, ne sont justiciables des Chambres.

En résumé, l'enquête politique ne peut être ordonnée qu'au sujet de faits intéressant directement la responsabilité des Ministres : c'est contre eux qu'elle peut être dirigée et la Chambre sort de son domaine si elle prétend atteindre par ce moyen des fonctionnaires inférieurs et surtout des particuliers. Le droit d'enquête est légitime en principe, mais il a ses limites dans la compétence des Chambres. Il nous reste à voir si, dans la pratique, et spécialement sous le régime parlementaire, il ne présente pas des dangers ou tout au moins de graves inconvénients.

Tout d'abord, les partis peuvent se servir des enquêtes, lors même qu'elles ont été régulièrement ordonnées, comme d'une arme déloyale contre leurs adversaires. Il suffit pour cela que la Chambre ne fasse pas à la minorité une place dans la Commission, ou encore que cette dernière ne fasse pas preuve d'impartialité, dédaignant systématiquement tout ce qui pourrait la gêner et ne retenant que ce qui lui est favorable. Une enquête faite dans de pareilles conditions est non seulement inutile, car elle n'éclaire pas la décision de la Chambre, mais encore elle peut jeter le discrédit sur le parti politique qui l'a entreprise. Elle constitue une sorte de détournement de pouvoirs, en faisant servir un droit donné à la Chambre à un but autre que celui dans lequel il lui était confié.

Mais le plus grave inconvénient que présente le droit d'enquête consiste dans les abus dont il peut être l'occasion et auxquels il est bien difficile, sinon impossible d'échapper. La Chambre, en effet, apprécie quasi souverainement ses pouvoirs et généralement elle n'est pas disposée à en restreindre la notion. Elle n'a pas d'autorité supérieure et permanente qui puisse contrôler ses décisions et en arrêter l'exécution si elles sont contraires au droit. Le Pouvoir exécutif, qui aurait peut-être en main de quoi s'opposer à des décisions contraires à la Constitution, n'a pas une autorité suffisante pour le faire, surtout devant la Chambre populaire de laquelle son sort dépend. Il suffit que celle-ci persiste dans une décision, même illégale, pour que le Ministère soit obligé de céder ou de se retirer, et s'il se retire, son successeur ne recommencera pas vraisemblablement la lutte où finalement il doit être battu. Il résulte de cette situation notamment, que si la Chambre ordonne une enquête sur un point sur lequel elle n'a pas compétence, il n'existe aucune voie régulière pour arrêter cette enquête (1).

(1) L'on a fort bien caractérisé ce danger de la manière suivante :

« C'est l'inconvénient de ces sortes d'enquêtes qu'on ne sait pas au « juste à quoi elles s'appliquent et à quoi elles ne s'appliquent pas. « Tandis qu'une instruction judiciaire a son cadre strictement circonscrit « et ne peut comprendre que des faits, dont le caractère délictueux est

D'autre part, nous verrons dans la suite que l'on n'a pas réglementé les pouvoirs des Commissions d'enquête. Celles-ci se trouvent fort souvent embarrassées pour obtenir les renseignements dont elles ont besoin, faute de sanction efficace. Il est à craindre qu'alors elles ne se retournent vers le Gouvernement et qu'elles n'obtiennent de lui, par leur influence, ou plutôt par celle de la Chambre qui les a nommées, des complaisances plus ou moins régulières et correctes. Ici encore le Gouvernement est obligé de céder ou de se retirer, ce qui, d'ailleurs, ne fait que retarder la victoire de la Chambre, mais ne la fait pas disparaître. (Commission d'enquête sur l'élection de la Nièvre, 1875 ; Commission d'enquête sur le Panama, décembre 1892.)

Pour rester légitime, le droit de contrôle de la Chambre ne doit pas lui servir à usurper les fonctions du Pouvoir exécutif. Il serait particulièrement dangereux à ce point de vue d'ordonner une enquête sur une politique en cours d'exécution, sur des actes déjà faits, mais qui font partie d'une entreprise à terme plus ou moins long. Il est bien difficile cependant de refuser à une Chambre le droit d'interroger le Cabinet dans ces conditions, et même le droit de voter une enquête.

Il serait trop aisé pour le Gouvernement de trouver alors des prétextes pour ajourner l'exercice du droit de contrôle. Mais il faut s'en remettre à la sagesse problématique des Chambres du soin de rester dans leur domaine et de ne pas arrêter dans

« prévu et défini par la loi, il n'y a pas de limites à l'action d'une Com-
« mission d'enquête. Elle peut s'enquérir de tout, toucher à tout, rien ne
« l'arrête, sa curiosité n'est jamais indiscrète. »
« Ses investigations n'ont pas d'autres bornes que celles qu'il lui
« plaît de s'imposer à elle-même. » — (*Journal des Débats*, 23 nov. 1892.)

son développement une politique qu'elles peuvent contrôler, mais qu'elles ne peuvent diriger. A un autre point de vue, le droit d'enquête peut également faire échec au principe de la séparation des pouvoirs, au préjudice de l'action gouvernementale.

En exigeant des fonctionnaires des renseignements que le secret professionnel n'arrête plus, car il appartient aux Ministres de relever leurs subordonnés de cette obligation en demandant la production de notes qui étaient destinées à rester confidentielles, la Commission d'enquête intervient dans les relations des Ministres avec leurs subordonnés, elle enlève toute confiance à ces derniers et toute autorité à leurs chefs. Elle énerve ainsi le principe d'autorité.

Enfin, les Commissions d'enquête n'ont que trop de tendances à se considérer comme de véritables Cours de justice. Cette situation peut avoir de graves inconvénients quand il s'agit de l'exercice des pouvoirs judiciaires qu'elles tiennent de la Constitution. On peut craindre alors que leur impartialité et leur calme ne soient pas à la hauteur de leurs devoirs. Mais elle est bien plus grave quand il s'agit d'une enquête menée parallèlement à une instruction judiciaire. Ici, en effet, la Commission n'exerce pas une magistrature; la loi a donné compétence non pas à elle, mais au Pouvoir judiciaire, et c'est dans le fonctionnement de ce dernier qu'elle va intervenir au préjudice des tiers et sans souci de l'indépendance du Juge.

Tous ces abus de pouvoir, dont le danger n'est malheureusement pas théorique, sont d'autant plus graves que les Commissions sont irresponsables, si ce n'est devant la Chambre, et cette dernière leur donne rarement tort. Elles laissent aux Ministres la responsabilé des actes qu'elles les ont amenés à commettre; le principe de la séparation des pouvoirs disparaît en fait, mais d'une manière occulte, et l'on risque d'en arriver à l'omnipotence des Comités impressionnables et mobiles, qui se croient tout permis et n'hésitent pas à sacrifier les droits individuels qui font obstacle à leurs passions, décorées pour la circonstance du grand mot d'intérêt vital de l'Etat.

CHAPITRE II

Caractère des Commissions d'Enquête.

Le droit d'enquête peut être mis en œuvre par la Chambre toute entière, qui citerait à sa barre tel ou tel témoin pour lui fournir les renseignements qu'elle jugerait nécessaires. Ce système, qui a été mis parfois en application en Angleterre (1), ne semble pas avoir jamais été proposé en France. Il est absolument impraticable lorsqu'un déplacement est nécessaire et même, en cas d'enquête poursuivie dans l'enceinte législative, le Président, à moins d'avoir des pouvoirs bien plus étendus que ceux qui lui sont actuellement conférés, ne pourrait que bien difficilement diriger une telle opération.

Dans la pratique, le droit d'enquête est donc presque nécessairement confié par la Chambre à une Commission nommée par elle. Il importe d'en déterminer tout d'abord le caractère juridique, d'où l'on pourra déduire ensuite quels pouvoirs doivent lui être reconnus.

La Commission d'enquête est une délégation de la Chambre, investie par cette dernière d'un mandat précis, ayant

(1) FROMAGEOT, *Étude sur les pouvoirs des Commissions politiques d'enquête en Angleterre*, p. 7.

pour objet de réunir des renseignements et de préparer une décision sur un objet déterminé.

Tout d'abord la Commission est une délégation de la Chambre : c'est, en effet, par des résolutions de cette dernière que l'enquête est ordonnée et que la Commission est nommée. La forme de la résolution qui ordonne l'enquête n'est déterminée ni par la loi, ni même par le Réglement des Chambres. La Chambre a toute liberté pour ordonner l'enquête soit sur une simple proposition de l'un de ses Membres, soit sur l'ordre du jour qui clôt une interpellation (1). Il est arrivé que certaines enquêtes ont été ordonnées par des lois (2), mais c'était à une époque où le Pouvoir législatif résidait dans une Chambre unique. Il importait assez peu que la Chambre prit une simple résolution ou qu'elle recourut à une forme plus solennelle ; il s'agissait toujours d'une manifestation de sa seule volonté. Dans une Constitution comme celle de 1875, où le Pouvoir législatif est partagé entre deux Assemblées, chacune de celles-ci règle souverainement son mode de travail et il lui appartient d'ordonner une enquête lorsqu'elle le juge nécessaire. Ce n'est pas à dire qu'une proposition de loi ne pourrait être déposée en vue d'ordonner une enquête, mais il n'y aurait à cette procédure aucun intérêt, à moins que l'on voulût donner, par cette proposition, des pouvoirs extraordinaires à la Commission qui serait chargée de l'enquête. Envisagée même à ce point de vue, cette manière de faire pourrait avoir des inconvénients en cas de dissentiment entre les deux Chambres sur l'opportunité de l'enquête. Il est préférable de laisser à la Chambre, qui en est saisie, le soin de

(1) PIERRE, op. cit. p. 607 et suiv.

(2) PIERRE, op. cit. p. 604, note 2.

statuer seule sur le principe même de l'enquête et de ne régler, par une loi, que la question des pouvoirs de la Commission.

L'enquête une fois décidée, la nomination de la Commission est faite par la Chambre parmi ses Membres. La procédure suivie pour cette élection peut être fort diverse. Les Commissaires, dont le nombre est généralement proportionnel à celui des bureaux de l'Assemblée, sont nommés soit par ces bureaux (1), en nombre égal pour chacun d'eux, soit au scrutin de liste par l'Assemblée en séance publique (2). D'autres procédés ont été parfois proposés ; c'est ainsi qu'au Sénat (3) un projet de résolution, déposé par MM. Bérenger, Merlin et Dusolier, faisait nommer la Commission au scrutin de liste par les Bureaux. Enfin, un mode plus simple a été mis en avant par MM. Paulin Méry et Le Senne, consistant à désigner les Commissaires par voie de tirage au sort (4) : cette proposition fut d'ailleurs repoussée.

Quel que soit le mode adopté par l'Assemblée, la Commission est toujours nommée par elle, et fût-elle même désignée par le sort qu'elle devrait être regardée comme la délégation de la Chambre dont elle émane, car il était loisible à cette dernière d'adopter tout autre mode d'élection ; elle s'approprie, par avance, les désignations faites par le hasard.

Étant une délégation de la Chambre, la Commission ne peut comprendre des tiers. Moins que toutes autres, les fonctions législatives ne peuvent être confiées à d'autres que ceux qui en sont investis conformément à la Constitution. Ce point

(1) Chambre des Députés, 25 octobre 1887.

(2) Chambre des Députés, 21 novembre 1892.

(3) 6 mars 1891.

(4) Chambre des Députés, séance du 21 novembre 1892.

n'est d'ailleurs réglé spécialement ni par la loi ni par le Règlement des Chambres. Quelques précédents de l'Assemblée nationale de 1871 ont permis à des Commissions de s'adjoindre des étrangers (1), mais il a été toujours entendu que ces étrangers siégeaient au titre purement consultatif; ils peuvent cependant être chargés de faire des rapports, mais il est plus conforme à l'esprit de cette institution que les rapports d'intérêt majeur soient faits par les Commissaires (2).

En second lieu, la Commission d'enquête est investie par la Chambre d'un mandat précis : l'Assemblée fixe l'objet de l'enquête et délimite les pouvoirs de sa Commission. La résolution qui ordonne l'enquête désigne les faits sur lesquels doivent porter les investigations de la Commission et elle circonscrit ainsi son rôle. Si, dans le cours de ses recherches, la Commission vient à être saisie de faits qui, tout en étant connexes à ceux qu'elle doit étudier, ne rentrent pas cependant dans le cadre qui lui a été fixé, elle doit se borner à les signaler à la Chambre ou tout au moins demander à cette dernière une extension de son mandat.

La Chambre qui ordonne l'enquête est également appelée à délimiter les pouvoirs de sa Commission. Nous aurons à montrer que la Commission, n'étant qu'une délégation de la Chambre, ne peut avoir des pouvoirs plus étendus que cette dernière. Ces pouvoirs eux-mêmes peuvent être plus ou moins restreints pour la Commission. La question présente

(1) Résolution du 25 mars 1872, enquête sur le régime pénitentier. — Loi du 25 avril 1872, enquête sur la situation des classes ouvrières en France.

(2) PIERRE, op. cit. p. 624 et note 3.

surtout de l'intérêt lorsque le Pouvoir législatif est concentré dans une seule Chambre. Dans le régime actuel et faute de lois spéciales, les pouvoirs les plus étendus, selon la formule généralement employée par les résolutions adoptées par les Chambres, se réduisent, en droit, à peu de chose, du moins en ce qui concerne les enquêtes politiques et économiques.

Dans tous les cas, il existe pour les Commissions une limitation résultant de la nature même de leur mandat : comme elles ne sont que des instruments d'étude, elles ne sauraient avoir le droit de prendre d'elles-mêmes les décisions qu'elles sont chargées de préparer. Cela est bien évident en ce qui concerne la fonction législative proprement dite. Mais les Commissions, chargées d'enquêtes politiques, pourraient être tentées d'exercer, par avance, le droit de contrôle et de critique qui appartient à la Chambre seule, surtout lorsqu'elles ne rencontrent pas chez le Gouvernement ou chez certains fonctionnaires, toute la soumission qu'elles pourraient souhaiter. Cela s'est présenté notamment dans une enquête récente où des motions de blâme ont été votées soit contre certains Ministres qui refusaient de communiquer des dossiers de police (1), soit contre un Magistrat qui refusait de déposer (2). Tout ce que la Commission peut faire, lorsqu'elle se trouve en présence de résistances qu'elle juge illégitimes, c'est d'en référer à la Chambre qui peut mettre en jeu, s'il est nécessaire, la responsabilité politique des Ministres récalcitrants.

Sous la réserve que nous venons d'indiquer, la Commission d'enquête, par son origine et par la mission qu'elle reçoit de

(1) Séance du 26 juillet 1897.
(2) Séance du 10 juillet 1897.

la Chambre dans les conditions que nous avons rappelées, participe réellement du caractère de l'Assemblée dont elle émane. Elle fait partie des pouvoirs publics et elle jouit, dans ses rapports avec les autres pouvoirs, des droits et privilèges de l'Assemblée, dans la mesure compatible avec son mandat. Le Gouvernement ne saurait donc intervenir dans son fonctionnement régulier, l'empêcher de se réunir, ni d'accomplir sa mission.

D'un autre côté, la Commission tirant son existence et ses droits de la seule délégation de la Chambre, ne peut avoir des pouvoirs plus étendus que n'en a cette dernière pour réunir les renseignements qu'elle doit rechercher.

Cela résulte de l'absence de toute disposition légale qui lui reconnaisse une existence et des pouvoirs propres. S'il est possible, en effet, de tenir compte de précédents, étrangers ou nationaux, pour déterminer, dans le silence des textes, certains détails des relations entre les pouvoirs publics, on ne pourrait, de cette manière, porter atteinte à des droits véritables et reconnus par la loi. Dans ces conditions, la question se présente de savoir si une Commission d'enquête, en tant que déléguée de la Chambre, peut avoir un droit de commandement, soit à l'égard du Gouvernement, soit à l'égard des particuliers, pour se procurer auprès d'eux les renseignements dont elle a besoin.

En ce qui concerne le Gouvernement, si l'on s'en tient au principe de la séparation des pouvoirs, il est bien certain que la Commisssion ne peut formuler à son égard des ordres auxquels il soit tenu d'obtempérer. La Chambre elle-même ne pourrait procéder de cette manière et elle ne peut arriver à un résultat que d'une manière indirecte, en mettant en jeu la responsabilité politique des Ministres. Or, nous avons déjà remarqué qu'il ne saurait appartenir à une Commission d'enquête d'exercer cette attribution.

Au contraire, quand on se trouve en présence d'une Chambre unique et souveraine, comme une Assemblée constituante, par exemple, le principe de la séparation des pouvoirs disparaît momentanément et l'Assemblée, qui exerce inévitablement alors une véritable dictature, a, vis-à-vis du Gouvernement, une autorité qu'elle peut en partie déléguer à une Commission.

Quant aux particuliers, les cas dans lesquels les pouvoirs publics ont à leur égard un droit de commandement et de contrainte sont déterminés par la loi et il ne peut être porté atteinte à leur liberté ou à leurs biens que dans les conditions fixées par le droit. Dans le régime de la dualité des Chambres aucune d'elles n'ayant le pouvoir de légiférer à elle seule, les Commissions d'enquête, issues de ces Chambres, ne peuvent exercer de contrainte à l'égard des particuliers sans une loi. C'est le cas de la Constitution de 1875. Si, au contraire, on suppose une Chambre unique, même simplement législative, celle-ci ayant le droit de commandement à l'égard des particuliers au moyen de la loi, pourrait user de ce droit pour donner à la Commission nommée par elle des pouvoirs de contrainte exceptionnels. Il est arrivé que sous un tel régime la Chambre donnait ces pouvoirs à une Commission par voie de simple résolution et non par une loi véritable. L'on peut se demander si une telle pratique est régulière. Les formalités qui entourent la confection de la loi sont des garanties contre les entraînements des passions politiques, et il est bien certain qu'une simple résolution est souvent prise dans des circonstances qui excluent toute réflexion. Mais l'on arriverait à un résultat sensiblement analogue avec la déclaration d'urgence et les procédés plus ou moins corrects admis par les usages parlementaires. En réalité, la résolution qui émane d'une Chambre, qui représente à elle seule le Pouvoir législatif, n'a pas le même caractère que celle d'une Chambre dont la volonté ne peut rien que lorsqu'elle concorde avec celle d'une autre Chambre.

Il y a dans le premier cas un exercice du droit souverain de la Chambre contre lesquels les particuliers peuvent d'autant moins réclamer que l'Assemblée est toujours maîtresse de son règlement et peut le modifier même dans une circonstance donnée. Sans doute, cette pratique serait condamnable, mais elle peut s'expliquer sinon se justifier par les circonstances. Il y a toutefois un cas où une Chambre unique ne pourrait pas, par voie de simple résolution, donner à une Commission d'enquête des pouvoirs exceptionnels vis-à-vis des citoyens, c'est celui où la forme des délibérations serait réglée, non par son règlement, mais par la Constitution. Il ne serait pas possible, dans cette hypothèse, de confondre, en effet, la loi avec la simple résolution.

La Commission, en tant que délégation de la Chambre, peut avoir un caractère différent selon qu'elle a accomplit un mandat d'ordre politique ou d'ordre judiciaire. Dans cette seconde hypothèse, en effet, la Commission participe au pouvoir judiciaire et il n'existe aucune raison pour lui refuser en principe les droits qui appartiennent, en général, aux tribunaux d'ordre administratif ou criminel. Sans doute, on peut regretter que la Constitution ait confié des attributions judiciaires à des corps politiques et l'on peut craindre qu'ils ne fassent pas preuve du calme et de l'impartialité si nécessaires à des Juges. Mais il faut s'incliner devant les textes constitutionnels qui ont établi ce droit.

Une difficulté se présente presque toujours alors, c'est l'absence de loi organisant une procédure régulière. Il en est ainsi notamment en matière de contentieux électoral, et aussi en matière criminelle, à l'exception du cas où le Sénat est constitué en Haute-Cour de justice par un décret. Malgré ce silence de la loi, nous avons admis que les Chambres avaient dans ce cas le droit d'enquête, ce qui est d'ailleurs conforme aux précédents. Ce droit d'enquête risque d'être inefficace si la Commission, chargée de le mettre en œuvre, n'a pas une situation analogue à celle des Magistrats instruisant un procès civil, administratif ou criminel. En pareille matière, la procédure pourrait être déterminée, dans le silence de la loi, soit par les règlements des Chambres, soit par la Commission elle-même; mais il semble que cette dernière doive assurer aux intéressés toutes les garanties que les justiciables trouvent devant les tribunaux de droit commun. A un autre point de vue, la Commission a, vis-à-vis des particuliers, le droit de commandement qui appartient à l'autorité judiciaire; mais ce droit de commandement qui a, devant les tribunaux, une sanction pénale contre ceux qui ne défèrent pas aux réquisitions régulières de la justice, n'a pas, devant la Commission d'enquête, la même sanction, par suite de la rédaction exclusive des textes qui ne citent pas la Commission parmi les divers tribunaux et de l'application du principe que les dispositions pénales doivent être interprêtées restrictivement.

Il faut conclure de cet exposé que la Commission d'enquête, en matière de contentieux électoral ou criminel est bien véritablement une autorité judiciaire ayant les pouvoirs confiés aux autorités de cet ordre; mais qu'il n'est pas possible de punir les atteintes portées à son fonctionnement de peines qui n'ont été édictées que pour des délits envers des tribunaux parmi lesquels on ne peut la comprendre.

Nous aurons à dégager les conséquences des divers principes que nous avons exposés dans le chapitre suivant, où nous examinons la procédure suivie par les enquêtes parlementaires.

CHAPITRE III

De la procédure des Enquêtes parlementaires.

Le droit d'enquête que la Constitution de 1875 n'a pas expressément consacré n'a pas été, à plus forte raison, réglementé par la loi, ainsi que nous en avons fait déjà l'observation. Les règlements des deux Chambres n'ont pas non plus déterminé la procédure à suivre par les Commissions. Il en résulte qu'en cette matière il faut s'en référer aux précédents tout en examinant s'ils sont absolument conformes aux principes que nous avons cherché à établir.

Nous étudierons successivement les questions suivantes :

1° Dans quel lieu les Commissions d'enquête peuvent-elles opérer?

2° Pendant quel temps?

3° Les enquêtes doivent-elles être publiques?

4° Quels sont les rapports de la Commission avec les pouvoirs publics?

5° Quels sont ses rapports avec les particuliers?

§ 1ᵉʳ. — *Du lieu de l'enquête.*

La Constitution de 1875 (art. 9 de la loi du 25 février 1875) avait fixé à Versailles le siège des deux Chambres. Cette disposition ayant été abrogée par une loi constitutionnelle du

21 juin 1879, une loi ordinaire du 22 juillet 1879 a fixé ce siège à Paris, en laissant à chacune des deux Chambres le droit de désigner, dans la Capitale, le palais qu'elle veut occuper.

Il résulte de ce texte qu'une Chambre ne peut, par voie de simple résolution, décider qu'elle exercera ses fonctions ailleurs qu'à Paris, ni d'une manière générale, ni en vue d'une affaire spéciale. Une seule exception est admise à cette règle par l'article 3 de la loi du 22 juillet 1879 qui permet au Sénat, constitué en Haute-Cour de justice, de désigner la ville et le local où il entend tenir ses séances.

La Commission d'enquête étant une délégation de la Chambre qui l'a nommée, semblerait donc ne pas pouvoir opérer dans une ville autre que Paris. Ce fut la doctrine qui fut soutenue sous l'empire de la Charte de 1830, lors de l'enquête célèbre sur l'élection de Langres, en 1842 : « Les « Chambres, disait à l'époque le Ministre de l'Intérieur, ne « peuvent se réunir que dans le lieu où elles sont convoquées « par le Roi : elles ne pourraient pas légalement s'assembler « sur un autre point du territoire. Comment donc une Com- « mission, pouvoir délégué par la Chambre, pourrait-elle faire « acte d'autorité et de juridiction dans un lieu où la Chambre « elle-même ne pourrait se réunir sans violer les principes « de notre droit constitutionnel? » La Commission, tout en réservant ses droits, résolut de ne pas soulever de conflit avec le Cabinet sur cette question et fit l'enquête à Paris. Mais, depuis 1848, les Commissions sont dans l'usage de se transporter sur les lieux, soit par elles-mêmes, soit par une délégation, et de rechercher sur place les renseignements qu'elles doivent recueillir; la Commission d'enquête sur le régime des établissements pénitentiaires, en 1873, a donné mandat à plusieurs de ses Membres de visiter des prisons même à l'étranger. Enfin, dans une affaire récente, une Commission d'enquête résolut de se transporter toute entière en Angleterre pour recevoir la déclaration d'un témoin. Ce projet ne fut pas réalisé.

En présence de cette pratique bien établie et incontestée aujourd'hui, il est peut-être d'un intérêt minime de rechercher si ces enquêtes sur place sont bien régulières. La longue suite des précédents les ont légitimées, et cet usage mérite d'autant moins d'être discuté qu'il correspond à une utilité réelle et que les Commissions restant à Paris, ne pourront que bien difficilement remplir leur mandat d'une manière satisfaisante.

On a recouru à un autre argument, en soutenant que la loi qui fixe à Paris la résidence des Chambres n'a disposé qu'en ce qui concerne l'exercice de leur fonction législative et que ces Assemblées pourraient se transporter en province pour exercer par elles-mêmes leur droit d'enquête ; on a cité dans ce sens l'exemple du Sénat qui, comme Cour de justice, désigne librement le lieu de ses séances (1). Il nous semble que cet argument n'a pas toute la valeur juridique qu'on lui suppose ; le texte de l'art. 1er de la loi du 22 juillet 1879 ne distingue pas selon les fonctions accomplies par les Chambres et quant à l'exception introduite en faveur de la Haute-Cour, il s'agit d'une exception et c'est tout dire.

En ce qui concerne plus spécialement les enquêtes d'ordre judiciaire, c'est-à-dire les enquêtes électorales et les enquêtes criminelles, le droit de transport en province ne nous paraît pas douteux ; un Juge peut toujours faire une enquête sur place, ou plus exactement une descente sur les lieux, dans

(1) MICHON, *Des Enquêtes parlementaires*, p. 33.

l'étendue de sa juridiction. La juridiction des Chambres s'étend à toute la France. Il nous semble donc découler des pouvoirs spéciaux que nous avons reconnus en matière judiciaire à la Commission d'enquête la faculté pour elle de procéder à des actes d'instruction sur place, soit par elle-même, soit par des délégués.

§ II. — *Du temps pendant lequel peut se poursuivre l'enquête.*

Les limites que l'on peut rencontrer au mandat de la Commission d'enquête quant au temps, résultent soit du droit qu'a la Chambre de borner ses pouvoirs, soit du principe que la Commission ne saurait avoir des droits plus étendus que ceux de l'Assemblée dont elle émane.

Une Chambre peut, en ordonnant une enquête, prescrire que le rapport devra être déposé à une date déterminée, passé laquelle le mandat donné à sa Commission serait périmé (1). Elle peut, également au cours de l'enquête, fixer un terme pour la discussion de ses résultats (2). Le droit est ici d'accord avec la pratique ; il a l'avantage d'empêcher qu'une Commission n'oublie le mandat qui lui a été confié ou qu'elle ne prolonge tellement ses travaux, que la question mise à l'étude a perdu de son intérêt lorsqu'elle vient en discussion. En matière électorale, il y a des exemples d'enquête ainsi prolongée uniquement pour suspendre les pouvoirs d'un Député que l'on n'ose pas soumettre à la réélection ; il y a là évidemment

(1) Sénat, résolution du 12 janvier 1877.
(2) Assemblée nationale, 2 juillet 1875.

un abus de pouvoir qu'il est de la dignité bien entendue de la
Chambre de faire disparaître.

Quelles sont les conséquences, pour la Commission d'enquête, de l'interruption ou de la cessation des fonctions de la
Chambre qui l'a nommée? Telle est la seconde question que
nous devions résoudre.

Il est indispensable tout d'abord de fixer la nature et la
cause d'interruption ou de cessation.

L'interruption peut résulter soit de la clôture de la session,
après la période minima fixée par la Constitution (Art. 1, loi
constitutionnelle, 16 juillet 1875), soit de l'ajournement dans
les conditions prévues par l'art. 2, § 2 de la loi du 16 juillet
1875, soit de l'ajournement prononcé par la Chambre à une
date qu'elle fixe elle-même. La cessation résulte de l'expiration des pouvoirs de la Chambre ou de sa dissolution.

De ces diverses hypothèses il n'y en a qu'une seule où la
Chambre soit maîtresse de reprendre ses travaux, c'est celle
où l'ajournement est prononcé par elle-même, il n'y a alors
qu'une simple mesure d'ordre intérieur, qui n'a nullement
pour effet de suspendre les pouvoirs de la Chambre. Dans les
autres, ou bien ses pouvoirs ont complètement disparu, ou
bien il dépend d'une autre autorité de lui en rendre l'exercice.
Le droit reconnu par l'art. 2 de la loi du 16 juillet 1875, à la
majorité absolue des Membres composant chaque Chambre,
de réclamer du Président de la République la convocation du
Parlement en session extraordinaire, ne change en rien la
situation que nous avons indiquée; car il faudrait la volonté
parallèle de deux Chambres pour obtenir cette convocation,
et l'on ne peut dire alors qu'il dépend de l'une d'elles de
reprendre ses travaux.

Deux points sont hors de toute contestation : le premier

est que l'expiration des pouvoirs de la Chambre, soit par l'arrivée du terme fixé par la loi, soit par la dissolution, fait disparaître le mandat de la Commission d'enquête qu'elle a désignée.

D'autre part, une Commission peut siéger pendant la durée d'un ajournement prononcé par la Chambre, puisque les pouvoirs de cette dernière n'ont pas disparu, même temporairement.

La question est beaucoup plus délicate lorsque les pouvoirs de la Chambre ont été suspendus par la clôture de la session ou par un ajournement ordonné par un décret. La question fut posée pour la première fois lors de l'enquête de 1842 ; le Président de la Commission avait annoncé que celle-ci suspendrait ses travaux pendant une prorogation prononcée par ordonnance royale. Certains Membres protestèrent, disant qu'il ne fallait pas confondre la prorogation avec la dissolution et qu'une enquête ne pouvait être ainsi suspendue sans inconvénient, pendant une durée plus ou moins longue. Le Ministère de l'Intérieur intervint encore et mit en avant le principe que la Commission, n'ayant pas plus de droits que la Chambre, ne pouvait siéger durant la prorogation. On nous permettra peut-être une parenthèse à cet égard :

A cette époque, le régime parlementaire semblait laisser au Cabinet la faculté d'intervenir, jusque dans le détail des travaux de la Chambre, et cette pratique semble répondre assez justement à la conception qui fait des Ministres, dans ce système de Gouvernement, non pas les serviteurs dociles, mais les guides autorisés d'une majorité. Il semble que cette conception ait un peu perdu de son autorité et que l'on attribue ce changement à l'émiettement des partis, conséquence presque fatale du suffrage universel, ou bien à toute autre cause, les Ministres ont aujourd'hui une attitude pleine de réserve à l'égard de ce que l'on appelle les prérogatives intérieures de la Chambre; ils se gardent très soigneusement d'intervenir dans tout ce qui concerne la marche de ses travaux, à moins qu'une question politique de première importance ne les y force : encore préfèrent-ils, dans ce cas, faire soutenir leur manière de voir par un de leurs partisans. Quoi qu'il en soit de l'attitude prise en 1842 par le Cabinet, la Commission ne trancha pas la question qui lui était soumise et ne siégea pas durant la prorogation.

Depuis cette époque, la pratique a changé et des Commissions ont siégé dans l'intervalle des sessions des Chambres (1). Il est probable que cet usage s'est introduit par suite de l'utilité que pouvait présenter alors la réunion de la Commission du budget. Des Commissions d'enquête ont également continué leurs opérations durant les années 1892 et 1897. Ces précédents sont-ils décisifs, et faut-il dire avec un auteur, qu'en France les Commissions d'enquête peuvent, comme les Commissions ordinaires, se réunir durant l'intervalle des sessions (2). Cela n'est pas absolument certain : les circonstances dans lesquelles se poursuivaient les enquêtes de 1892 et de 1897 étaient, en somme, très exceptionnelles, et l'on comprend que le Gouvernement se soit gardé dans un but politique, de tout ce qui pouvait ressembler à une pression directe ou indirecte sur les Commissions en question. Il serait excessif de tirer de cet état de choses très spécial, des conclusions générales.

Si on laisse de côté ces précédents peu décisifs, il reste

(1) PIERRE, op. cit. p. 488, note 4.
(2) PIERRE, op. cit. p. 625.

donc l'argument de principe, invoqué par le Ministre de l'Intérieur en 1842. Il est vrai qu'en sens inverse, à côté de l'intérêt qui peut s'attacher à ce qu'une enquête ne soit pas interrompue, l'on a reproduit ici le même argument que nous avons déjà rencontré, à propos de l'endroit où la Commission peut opérer ; l'ajournement ou la clôture ne s'adresserait aux branches du Pouvoir législatif qu'en tant qu'elles concourent au Pouvoir législatif et empêcherait seulement qu'on fasse des lois. Quant à la préparation même de ces lois par une enquête, c'est une fonction toute différente de la Chambre elle-même à laquelle cette dernière pourrait se livrer dans l'intervalle des sessions.

Pour donner une nouvelle force à cet argument, on ajoute : « Une loi pourrait confier une enquête à une Commission « extraparlementaire qui aurait exactement le même rôle « qu'une Commission d'enquête parlementaire ; préten- « drait-on encore que cette Commission devrait suspendre « ses travaux parce que la session serait close? » (1).

Il y a ici une confusion évidente, la Commission extraparlementaire tient, dans l'hypothèse prévue, ses pouvoirs d'une loi et le Pouvoir exécutif ne peut rien sur elle. La Commission parlementaire tient, au contraire, ses pouvoirs de la Chambre, dont les travaux sont interrompus par le Gouvernement. Nous avons déjà dit d'ailleurs que rien dans les textes ne permet de distinguer entre les diverses fonctions des Chambres, au point de vue de la clôture de la session ou de l'ajournement par décret. Enfin, une considération pratique peut être invoquée : la clôture de la session ou l'ajournement peuvent très régulièrement être décidés par le Gouvernement

____

(1) MICHON, *Des Enquêtes parlementaires*, p. 26 et suiv.

dans un moment où les passions politiques sont surexcitées, dans un but d'apaisement et de conciliation : ce but ne pourrait guère être atteint si une Commission, nommée dans un moment de fièvre et dont l'œuvre peut être jugée dangereuse pour la paix publique, pouvait continuer son enquête, alors que la Chambre, dont elle est la délégation, est obligée au silence.

Il semble donc, en définitive, que le droit donné au Pouvoir exécutif d'interrompre les travaux des Chambres doit s'étendre à leurs délégations. Envisagée à ce point de vue, la question devient toute d'opportunité et le Gouvernement serait libre, s'il le juge compatible avec les intérêts dont il a la garde, de ne pas interrompre les opérations d'une Commission d'enquête dans l'intervalle des sessions. Il n'est pas d'ailleurs à craindre, dans la conception actuelle du régime parlementaire, qu'il se serve beaucoup de ce pouvoir discrétionnaire.

§ III. — *De la publicité des enquêtes.*

L'absence de tout règlement sur les enquêtes parlementaires laisse chaque Commission maîtresse de prendre sur ce point telle décision qui lui paraît utile. En fait, la manière de procéder a beaucoup varié, selon les époques et selon la nature des intérêts en jeu.

La publicité d'une enquête peut être envisagée d'ailleurs à plusieurs points de vue ; dans un sens très large, on peut concevoir que toutes les dépositions soient publiquement reçues et que tous les renseignements produits soient publiés *in extenso ;* dans ce cas, des procès-verbaux, analogues à ceux qui sont rédigés pour les Chambres, seraient établis et communiqués à la presse. Un autre système consiste à restreindre la publicité aux seules personnes qui peuvent être intéressées dans l'enquête. Enfin on peut admettre le principe absolu du secret de l'enquête.

Ces divers systèmes sont d'ailleurs susceptibles de bien des modalités.

La publicité absolue de l'enquête ne s'est produite que tout à fait exceptionnellement : une résolution du Corps législatif du 25 février 1870, a autorisé deux Commissions chargées d'enquêtes économiques à tenir des audiences publiques (1).

La publicité restreinte aux intéressés a été pratiquée presque aussi rarement dans certaines enquêtes électorales (2) et dans une enquête politique récente (3).

Le secret de l'enquête est le système qui a été très généralement adopté par les diverses Commissions, mais sans qu'il y ait lieu d'en tirer des conclusions définitives, les Commissions étant juges, et l'absence de résolution de la Chambre leur imposant une ligne de conduite du parti qu'elles doivent prendre. Le parti du secret est d'ailleurs purement théorique, les Commissaires ne se jugeant généralement pas liés par cette obligation ; il en résulte que dans la pratique, la presse reçoit des comptes rendus très divergents, selon leurs auteurs. Ces indiscrétions peuvent avoir des conséquences d'autant plus graves qu'elles mettent en cause les adversaires politiques de leurs auteurs et qu'il est bien difficile à ces derniers de se défendre d'une manière efficace.

(1) PIERRE, op. cit. p. 624.
(2) MICHON, op. cit. p. 43.
(3) Deuxième enquête sur le Panama. Résolution du 13 décemb. 1897. — Rapport VALLÉ de 1898.

Il nous reste à examiner si les principes que nous avons exposés conduisent, en cette matière, à une solution juridique.

La question ne se présente évidemment pas de la même manière pour les enquêtes économiques et politiques et pour les enquêtes d'ordre judiciaire.

Dans les enquêtes de la première catégorie, il semble bien qu'aucune raison de droit n'impose à la Commission telle solution, plutôt que telle autre. La question pourrait présenter quelque doute en ce qui concerne l'enquête politique proprement dite, lorsqu'elle met en jeu la responsabilité d'un Ministre. Celui-ci pourrait réclamer le droit d'être tenu au courant des charges relevées contre lui et d'être mis à même de les discuter. Le plus souvent même, dans l'intérêt de l'œuvre poursuivie par la Commission, il serait utile qu'il en fût ainsi, si l'on ne veut risquer d'apporter à la Chambre des renseignements incomplets ou inexacts. Mais s'agit-il bien d'un droit véritable? Le pouvoir discrétionnaire qui appartient à la Chambre pour mettre en jeu la responsabilité politique des Ministres, même sans enquêtes, ne paraît guère compatible avec une telle notion.

Dans les enquêtes judiciaires, au contraire, il semble que la Commission, se trouvant en présence de véritables droits, qu'elle doit respecter, soit obligée, même en l'absence de textes précis, d'assurer aux intéressés les garanties ordinaires de la justice, dont elle n'est alors qu'un organe.

C'est en se basant sur cette idée que M. Laissac, Député à l'Assemblée Constituante de 1848, soumis à enquête, avait réclamé le droit d'assister par mandataire à l'audition des témoins. Sa demande fut repoussée ; il en fut de même en 1876 pour l'enquête sur l'élection d'Avignon, le Rapporteur prétendant que « c'eut été enlever toute liberté aux témoins « que de les citer en présence de M. du Demaine ou de ses « partisans ». D'autres Commissions, au contraire, ont admis le Député soumis à enquête à assister aux dépositions (1).

Cette dernière pratique est certainement la plus conforme au droit. Sans être astreinte, encore une fois, à aucune formalité précise, la Commission est obligée, pour sauvegarder les droits en présence, de donner à l'enquête le caractère contradictoire qu'elle a devant les juridictions ordinaires (2).

Dans les enquêtes criminelles, il est plus important encore que la Commission d'enquête suive les formes prescrites par la loi, en matière d'instruction criminelle, autant que cela est possible. Il serait inadmissible que les Membres du Gouvernement, qui sont, en vertu de la Constitution, soumis à une juridiction d'exception dont l'impartialité est sujette à caution, ne rencontrassent pas devant elles les formes protectrices qui s'imposent à l'autorité judiciaire ordinaire. S'ils ne peuvent prétendre à assister à l'audition des témoins, du moins la procédure doit-elle être communiquée à leurs conseils dans les conditions prescrites par la loi du 8 décembre 1897 (3). Ceci est bien entendu un minimum de garanties, et il serait désirable que la Commission, profitant de ce qu'elle n'est pas liée par un texte formel, allât plus loin dans le sens de la publicité de son enquête, tout au moins vis-à-vis de l'intéressé.

(1) MICHON, op. cit. p. 42 et suiv.

(2) Loi du 22 juillet 1889, art. 26 et suiv. — LAFERRIÈRE, *Traité de la Juridiction administrative* (édit. de 1888), t. II, p. 340.

(3) Dans ce sens, un récent arrêt du Sénat constitué en Haute-Cour, en date du 18 septembre, a décidé qu'il y avait lieu d'appliquer cette loi à l'instruction dirigée contre un certain nombre de prévenus renvoyés devant sa juridiction.

§ IV. — *Des rapports de la Commission d'enquête avec les pouvoirs publics.*

La Commission recherche les renseignements qu'elle a pour mission de fournir à la Chambre, soit auprès des pouvoirs publics, soit auprès des particuliers ; ces renseignements consistent en dépositions verbales ou écrites, ou en documents antérieurs à l'enquête.

Nous devons étudier tout d'abord quels sont les pouvoirs de la Commission, à l'égard des autorités constituées, et de quelle manière elle mettra en œuvre ces pouvoirs (1).

Une distinction est tout d'abord nécessaire ; quel que soit le système que l'on adopte à l'égard de la distinction des pouvoirs publics ; que l'on en reconnaisse que deux, le Législatif et l'Exécutif, ou que l'on admette l'existence d'un troisième pouvoir, distinct et indépendant des deux premiers, le pouvoir judiciaire, tout le monde n'en est pas moins d'accord pour admettre que l'autorité chargée de l'administration de la justice doit exercer cette fonction en toute indépendance

(1) En ce qui concerne les Membres du Parlement, la Commission d'enquête n'a pas de pouvoirs spéciaux : elle peut les convoquer devant elle en y mettant des formes spéciales, surtout pour les Membres de la Chambre qui n'a point ordonné l'enquête. Mais les Députés ou Sénateurs ne sont nullement tenus de se rendre à ces convocations. Nous citerons, en passant, la procédure observée par la deuxième Commission d'enquête du Panama, pour recevoir, le 17 juillet 1897, la déposition du Président du Sénat ; la Commission se rendit au Palais de la Présidence à la demande du témoin, qui excipa de sa qualité pour réclamer le bénéfice de la procédure spéciale établie par le Code d'instruction criminelle (art. 510 à 517) et par le décret du 4 mai 1812, pour les grands dignitaires de l'État.

et qu'il n'est permis ni aux Chambres législatives, ni au Gouvernement d'intervenir, par voie d'autorité, dans les procès privés ou criminels qui lui sont soumis. Notre législation sauvegarde ce principe, d'une manière plus ou moins complète, par divers procédés dont le plus connu est l'inamovibilité accordée aux Magistrats.

Au contraire, l'autorité gouvernementale et administrative est soumise au contrôle incessant des Chambres par l'intermédiaire des Ministres responsables devant elles.

Il résulte de cette situation que les pouvoirs, que la Chambre peut déléguer à sa Commission d'enquête, diffèrent essentiellement, selon qu'elle se trouve en rapports avec l'une ou l'autre autorité.

Considérons, en premier lieu, les rapports de la Commission avec le Pouvoir exécutif proprement dit. Dans le Gouvernement de Cabinet, le principe de la séparation des Pouvoirs doit être entendu dans ce sens, que les diverses autorités ne peuvent pas se substituer l'une à l'autre pour les actes qui sont propres à chacune d'elles. Le Pouvoir exécutif ne peut légiférer, le Pouvoir législatif ne peut ni ordonner, ni faire les actes de Gouvernement et d'administration réservés à l'Exécutif. Mais les deux Pouvoirs exercent l'un sur l'autre une influence réciproque, de telle manière que la loi est faite sur la proposition du Gouvernement et que celui-ci subordonne sa politique aux idées qui prédominent dans la Chambre. Ce système d'entente nécessaire réserve à chacune des deux parties des moyens d'actions plus ou moins efficaces et qui consistent, pour l'Exécutif, dans le droit de limiter la session des Chambres et de prendre part à leurs délibérations ; pour le Législatif, dans le droit de témoigner sa défiance à l'égard du Cabinet responsable, et d'amener ainsi sa chute. Il n'en est pas moins certain que, dans un pareil système, l'un des deux Pouvoirs domine l'autre et que, si le Législatif ne peut ni ordonner ni faire par lui-même les actes réservés au Gouvernement, il peut, au moins, les lui imposer indirectement, en menaçant de lui retirer son appui.

La situation de la Commission d'enquête n'est sans doute pas identique, à ce point de vue, à celle de la Chambre dont elle émane ; car elle n'a pas de pouvoirs propres, mais des pouvoirs délégués et limités et qui ne peuvent jamais aller, ainsi que nous l'avons fait déjà remarquer, jusqu'au droit de décision qui est réservé à la Chambre. Il lui manque donc, a l'égard des Ministres, la sanction grâce à laquelle la Chambre fait prévaloir sa volonté. Toutefois, il est naturel de penser que, si la Commission cherche à accomplir sa mission dans le sens indiqué par la Chambre, celle-ci la soutiendra dans ses recherches et mettra à sa disposition son influence sur les Ministres. Si donc elle rencontre des obstacles imputables au Gouvernement, il lui suffira d'en référer à la Chambre pour que celle-ci soit mise à même d'en demander compte au Cabinet et d'obliger celui-ci à céder ou à se retirer.

Tenant compte de ces considérations, recherchons donc comment la Commission procédera pour obtenir des autorités administratives les renseignements dont elle a besoin.

Il est presque superflu de montrer que les Ministres sont tenus en principe de se rendre aux convocations de la Commission, de même qu'ils sont obligés de répondre devant les Chambres aux questions et aux interpellations qui leur sont adressées. Ils doivent également lui fournir tous les renseignements nécessaires et dont ils disposent, dans la mesure compatible avec les nécessités de l'action gouvernementale, et sous leur responsabilité. Ce devoir découle pour eux des droits de contrôle de l'action exécutive et de préparation de la loi qui appartiennent aux Chambres, en vertu de la Constitution, et que celles-ci peuvent déléguer dans la mesure indiquée déjà à leurs Commissions d'enquête.

La première difficulté se présente pour les subordonnés des Ministres, c'est-à-dire pour tous les fonctionnaires de l'État. La Commission peut-elle s'adresser à eux directement pour obtenir les renseignements qui lui sont nécessaires ? La question fut traitée à propos de l'élection de Langres, en 1842, et, à cette époque, la Commission ayant convoqué des fonctionnaires, en se contentant d'en donner simplement avis aux Ministres de qui ils relevaient, les Ministres refusèrent d'autoriser leur comparution, tout d'abord en prétendant que la Commission n'avait pas qualité pour se mettre en rapports directs avec leurs subordonnés, parce qu'elle n'avait pas autorité sur eux, et ensuite parce qu'ils voyaient des inconvénients à ce que ces fonctionnaires fussent interrogés sur des faits relatifs à leurs fonctions (1). La question ne fut d'ailleurs pas portée devant la Chambre, un accommodement étant intervenu en vertu duquel le Ministre de l'Intérieur serait présent à l'audition de ses subordonnés (2).

Les enquêtes postérieures nous donnent d'autres fréquents exemples d'audition de fonctionnaires. Selon les cas, la Commission sollicite du Gouvernement une autorisation générale pour tous les fonctionnaires de comparaître devant elle et l'on peut rappeler, à ce sujet, des instructions célèbres données à propos de l'enquête générale sur les élections de 1877 par les divers Ministres dans leurs administrations respectives (3),

(1) MICHON, op. cit. p. 122 et suiv. — PIERRE, op. cit. p. 612.
(2) PIERRE, loc. cit.
(3) PIERRE, op. cit. p. 613.

ou bien elle fait parvenir les convocations aux intéressés par l'intermédiaire de leurs Ministres respectifs, ce qui vaut pour eux autorisation tacite. Il est arrivé cependant que des Commissions ont convoqué des fonctionnaires directement et que cette manière de faire a motivé une protestation du Gouvernement (enquête sur l'affaire des décorations, lettre du Ministre de l'Intérieur au Président de la Commission, 19 janvier 1888 (1).

Les fonctionnaires, dans leurs dépositions, ont fait souvent des réserves et invoquent le secret professionnel, tout au moins en ce qui concerne leurs rapports avec leurs supérieurs. La Commission, ou bien n'a pas insisté, ou bien elle s'est adressée au Ministre pour délier ses subordonnés de cette obligation (2).

En résumé, il résulte des précédents que les Commissions d'enquête, lorsqu'elles désirent entendre la déposition de fonctionnaires, doivent s'adresser aux Ministres, qui sont juges de la question de savoir si cette comparution doit être autorisée et dans quelle mesure les renseignements peuvent être fournis.

Cette solution est d'ailleurs absolument justifiée : ainsi que le faisait observer le Ministre de l'Intérieur en 1842, la Chambre n'a nullement autorité sur les fonctionnaires; prétendre le contraire serait lui remettre le Pouvoir exécutif.

Nous avons dit qu'elle n'a même pas directement autorité sur les Ministres et que son influence ne peut s'exercer que

(1) PIERRE, op. cit. p. 614, note 4.

(2) Commission d'enquête sur les actes du général de Cissey. Déposition de M. Voisin, ancien Préfet de police, du 10 décembre 1880. — Deuxième enquête sur le Panama. Déposition de M. Cochefert, 17 juillet 1897.

d'une manière indirecte. Il importe, d'ailleurs, pour assurer l'action du Pouvoir exécutif sur l'administration que les fonctionnaires ne soient pas exposés à hésiter entre les instructions qu'ils reçoivent de leurs chefs et la crainte d'une autorité qui leur est étrangère. Le fonctionnement des services publics exige qu'ils ne révèlent rien de leurs rapports avec leurs supérieurs sans l'autorisation de ces derniers.

La nécessité de l'autorisation gouvernementale existe non seulement pour les comparutions et le témoignage verbal des fonctionnaires, mais encore pour les rapports qui leur seraient demandés. Ces rapports doivent être adressés aux Ministres qui jugent s'il y a lieu de les transmettre à la Commission.

La Commission peut demander communication de pièces administratives antérieures à l'enquête et relatives à l'objet de sa mission. Cette demande peut s'adresser soit aux Ministres soit aux fonctionnaires.

En ce qui concerne les Ministres, cette demande est absolument régulière, et ceux-ci doivent y satisfaire en principe. Toutefois, ils peuvent trouver dans les circonstances des motifs de refuser telle ou telle pièce, d'un caractère particulièrement confidentiel et qui ne pourrait, sans inconvénient grave, être livrée à la publicité. C'est ainsi que le Ministre des Affaires étrangères refusa, en 1897, de communiquer à une Commission d'enquête des pièces versées à ses archives, en invoquant le principe du secret des archives diplomatiques (1). Une réponse semblable fut donnée par le Ministre de l'Intérieur à la même Commission à l'occasion de dossiers

____

(1) Voir deuxième Rapport VALLÉ.

de police que celle-ci désirait consulter (1). Il y a lieu de remarquer cependant, que ces deux Ministres réservaient à la Chambre le droit d'ordonner la communication de ces dossiers.

L'on a d'ailleurs fait remarquer, avec juste raison, que cette communication de dossiers ne pouvait pas dépendre du consentement donné par un ancien Ministre, en fonction au moment des faits soumis à enquête, et que cette communication devait être accordée ou refusée sous la seule responsabilité du Cabinet en présence duquel se trouve la Commission (2).

En ce qui concerne les pièces demandées directement aux fonctionnaires, ces derniers ne peuvent, pour les motifs déjà exposés à propos de leurs dépositions, faire aucune communication sans l'autorisation de leurs Ministres. Ce point a été maintenu spécialement lors de l'enquête générale de 1877 par la circulaire du Ministre de l'Intérieur : « Les pièces et do- « cuments officiels ne doivent être mis, par les Préfets, à la « disposition de la Commission qu'après que ceux-ci ont pris « des instructions du Ministre de l'Intérieur sur chaque fait « particulier qui donnerait lieu à une demande de communi- « cation » (3). Ceci est d'autant plus remarquable que les fonctionnaires étaient, d'autre part, munis d'une autorisation générale de déposer verbalement.

On pourrait se demander si les mêmes règles doivent s'appliquer aux dépositions des fonctionnaires départementaux

---

(1) Lettre du Ministre de l'Intérieur au Président de la Commission d'enquête du Panama, 22 juillet 1897.

(2) MICHON, *Des Enquêtes parlementaires*, p. 143.

(3) Circulaire de M. DE MARCÈRE. (*Journal Officiel*, 1ᵉʳ janvier 1878.)

ou communaux et aux communications des dossiers intéressant ces collectivités publiques secondaires. La question n'a sans doute pas grand intérêt pratique, étant peu probable, qu'à moins de circonstances exceptionnelles, les Chambres ordonnent des enquêtes sur des affaires d'intérêt municipal ou départemental (1). Il semble d'ailleurs, malgré le droit de surveillance et de contrôle étroit exercé par l'Etat sur ces personnes morales publiques, droit dont l'exercice peut mettre en jeu la responsabilité politique des Ministres, que l'autonomie de leur administration leur permette de refuser toute comparution ou toute communication que la loi n'ordonne pas directement. Le Pouvoir central ne peut pas agir à leur égard par voie d'ordres directs : il ne peut rien leur imposer, en principe du moins, dans la sphère de leurs intérêts locaux. Il ne saurait donc les obliger à fournir les renseignements réclamés par une Commission d'enquête et celle-ci ne peut s'en prendre à eux du refus qui lui est opposé. Il semble dès lors que la Commission puisse s'adresser directement aux fonctionnaires locaux pour obtenir d'eux soit des dépositions, soit des communications de dossiers ; mais il faut reconnaître aussi que ces fonctionnaires, n'étant obligés que par la loi, ne sont pas tenus de répondre aux demandes qui peuvent leur être adressées.

Il s'agit bien évidemment, dans cette hypothèse, des fonctionnaires locaux en tant qu'ils gèrent les intérêts locaux et non pas en tant qu'ils représentent l'Etat; dans ce dernier cas, les règles que nous avons exposées pour les fonctionnaires de l'Etat leur sont évidemment applicables.

(1) Il n'est cependant pas invraisemblable de supposer une enquête sur des faits relatifs à l'administration de villes importantes.

Nous avons dit la différence qui existait entre le Gouvernement et la Justice dans leur situation respective vis-à-vis du Pouvoir législatif. Il peut se faire que l'enquête poursuivie sur l'ordre d'une Chambre paraisse nécessiter la comparution de fonctionnaires de l'ordre judiciaire ou la production de pièces mises sous la main de la Justice. Dans quelles conditions la Commission pourra-t-elle obtenir les renseignements qui lui sont nécessaires ?

L'administration de la Justice comporte, à côté des Magistrats chargés de juger et qui sont sa partie essentielle, d'autres Magistrats qui ont l'initiative des poursuites criminelles et qui représentent devant les tribunaux l'intérêt de la société. Ce sont les Officiers du Ministère public. A la différence des premiers, ces fonctionnaires sont soumis à l'autorité directe du Gouvernement, qui peut leur donner des instructions et même des ordres en vue de l'accomplissement de leur mission. Cette autorité a sa sanction immédiate dans le droit de révocation qui existe à leur égard, de la manière la plus absolue. Il semblerait donc que les Officiers du Parquet dussent être soumis aux règles déjà posées, à propos des fonctionnaires administratifs, c'est-à-dire que, ne devant rendre compte, en principe, qu'à leurs supérieurs hiérarchiques et en dernière analyse au Garde des sceaux, la Commission d'enquête devrait s'adresser à ce dernier pour autoriser leur comparution et leur témoignage ; mais, une fois cette autorisation obtenue, leur déposition serait obligatoire dans la limite où ils ont été relevés du secret professionnel. La question s'est posée avec vivacité devant la deuxième Commission d'enquête sur les affaires dites du Panama, à propos d'un ancien Procureur général près la Cour de Paris, devenu ensuite Magistrat de jugement. La Commission voulait obtenir de ce dernier des renseignements sur les conditions dans lesquelles il avait intenté une action criminelle. La communication lui avait été adressée régulièrement par l'intermédiaire du Garde des sceaux et il ne paraît pas que ce dernier lui ait donné des instructions à l'effet de restreindre sa déposition. Ce Magistrat, après quelques hésitations, comparut devant la Commission, mais crut devoir répondre par un refus absolu aux questions que le Président voulait lui poser; ce refus était basé, d'une part, sur le principe de la séparation des pouvoirs, qui, à son sens, ne permettait pas au Parlement d'ouvrir une enquête sur un procès judiciaire; d'autre part, sur le serment professionnel par lui prêté de garder religieusement le secret des délibérations (1).

Cette attitude, qui souleva de très vives protestations dans la Commission d'enquête, fut très discutée; elle trouva cependant d'énergiques défenseurs dans la Presse judiciaire (2).

Il semble qu'elle résulte d'une confusion entre l'une et l'autre catégorie de Magistrats. Cette confusion a des origines très lointaines dans les anciens Parlements qui nous ont légué la fameuse formule que « la plume est serve, mais que la parole est libre », marquant ainsi que les gens du roi avaient, même à l'égard du souverain, une certaine indépendance, et l'histoire nous montre qu'ils ont fréquemment revendiqué cette liberté. Elle trouve une nouvelle consécration dans la vénalité des charges qui s'appliqua aux Officiers du Parquet comme aux Juges. Cette confusion est maintenue de nos jours par

(1) Deuxième Commission d'enquête du Panama. — Séance du 10 juillet 1897. Rapport VALLÉ. Annexes de la Chambre des Députés, 1898, p. 41.

(2) *Gazette des Tribunaux*, 12 juillet 1897.

l'identité d'origine des deux corps et par les emprunts réciproques qu'ils se font tous les jours. Passant sans cesse du siège de Juge à celui du Ministère public, les Magistrats ont une éducation professionnelle identique et se considèrent aisément comme ayant tous mêmes privilèges et même devoir. Cette confusion enfin se trouve exprimée solennellement dans la forme du serment, la même pour les Officiers du Parquet et pour les Juges, et qui enjoint à tous de garder le secret des délibérations. Que signifie donc cette formule pour un Magistrat à qui ses fonctions interdisent, en principe, de participer aux délibérations ?

Mais quelque explicable que puisse être une pareille confusion et quelque respectable que soit l'esprit d'indépendance de la Magistrature, même dans ses excès, il n'en est pas moins vrai qu'un Magistrat du Ministère public est soumis à l'autorité du Garde des sceaux, en ce qui concerne la mise en mouvement de l'action publique et que, s'il commet quelque faute dans l'exercice de ses fonctions, il est responsable directement devant le Garde des sceaux qui n'a nul besoin, à cet égard, de s'en remettre de la répression au Conseil supérieur de la Magistrature. Il est vrai que l'on va jusqu'à faire du Garde des sceaux lui-même, en tant qu'il exerce cette autorité, une sorte de Magistrat supérieur, qui pourrait dénier la compétence des Chambres. Mais il faut écarter cette doctrine qui en fait ne peut être pratiquée sous le régime parlementaire et qui, en droit, contredit les principes essentiels de ce régime. C'est donc avec raison que le Président de la Commission d'enquête fit au Magistrat cité devant elle l'observation suivante :

« La Commission parlementaire est une délégation de la
« Chambre et il a toujours été reconnu qu'il était du devoir

« du Parlement de contrôler les actes du Pouvoir exécutif.
« C'est donc à ce titre que nous avons le droit de vous poser
« des questions. Vous verrez si vous devez ou non y répon-
« dre, mais il est impossible d'admettre que vous vous refu-
« siez à dire quoi que ce soit, puisque vous ne savez pas
« quelles sont ces questions » (1).

Remarquons d'ailleurs que le Magistrat en question ne
pouvait se prévaloir de ce qu'il était Juge, au moment où il
fut cité, car l'indépendance qu'il avait en cette qualité ne
pouvait couvrir sa conduite antérieure.

Les Magistrats de jugement sont dans une toute autre
situation. Nous avons déjà noté à plusieurs reprises leur indépendance à l'égard du Gouvernement. Cette indépendance
interdit à ce dernier d'intervenir, par voie d'autorité, en leur
donnant des ordres ou même des conseils particuliers, dans
l'exercice de leurs fonctions. Le Gouvernement ne peut
donc être responsable de leurs décisions vis-à-vis des
Chambres.

A un autre point de vue, les Magistrats ne peuvent être
appelés à témoigner devant les Commissions d'enquête, à
raison des affaires sur lesquelles ils sont appelés à statuer. Ils
sont, en effet, tenus au secret professionnel le plus rigoureux
et ce secret, étant établi dans un intérêt général et supérieur
aux intérêts politiques, nul ne peut les relever de ce secret.
Ils ne peuvent même apprécier l'opportunité de leurs déclarations : il leur est interdit de parler.

La question s'est présentée, en fait, pour les Juges d'instruction; ici, elle se compliquait de l'autorité réservée au
Pouvoir exécutif et qu'il exerce soit directement, en donnant

_____

(1) Rapport VALLÉ, 1898.

et en retirant librement l'instruction aux Magistrats, soit indirectement et par l'intermédiaire du Procureur de la République qui, en cas de pluralité de Juges d'instruction dans un même tribunal, répartit entre eux les affaires d'une manière discrétionnaire. Il semble dès lors que le Garde des sceaux puisse avoir une certaine responsabilité sur la manière dont une instruction est menée, bien qu'il ne puisse jamais imposer une décision au Magistrat instructeur, comme il impose des poursuites au Procureur général. D'autre part, la formule du serment professionnel ne vise que l'obligation de garder le secret des délibérations et il ne semble pas que cela doive comprendre le secret des instructions confiées au Magistrat. Du moins, la pratique est-elle absolument fixée dans ce sens, puisque les Juges d'instruction donnent des renseignements à la Presse sur la marche de leurs opérations et qu'ils sont appelés à déposer devant les diverses juridictions sur les faits qui ont pu se passer pendant leur instruction.

Dans ces conditions, les Commissions d'enquête se sont parfois adressées aux Magistrats instructeurs, mais avec un succès inégal. En 1892, la première Commission d'enquête sur les affaires du Panama demanda à un Conseiller, qui avait été chargé par le Premier Président de la Cour de Paris des fonctions de Juge d'instruction dans une affaire correctionnelle, soumise, à raison de la qualité des parties, à la première Chambre de la Cour, de comparaître devant elle ; ce Conseiller obéit à cette citation, mais, avant de prêter serment, il fit des réserves à raison du secret professionnel et du principe de la séparation des Pouvoirs (1). Il ne paraît pas d'ailleurs que cette

---

(1) Commission d'enquête du Panama. Séance du 28 novembre 1892. — *Journal Officiel*, Annexes de la Chambre des Députés, p. 553.

comparution ait eu l'approbation ni du Premier Président (1)
ni du Procureur général. Dans tous les cas, en admettant que
cette démarche fut incorrecte, elle ne parut pas devoir motiver des poursuites disciplinaires. La deuxième Commission
d'enquête convoqua le même Magistrat, qui s'abstint de se
rendre à cette convocation (2). Par contre, un Juge d'instruction
convoqué à cette époque, comparut et déposa devant la Commission sur l'instruction des affaires dont il était chargé.

En somme, il semble résulter de la pratique actuellement
suivie que la comparution et la déposition sont facultatives
pour les Magistrats instructeurs. Il est bien évident qu'ils ne
peuvent être interrogés sur les motifs de leurs ordonnances. Cette réserve faite, il serait bien difficile de condamner
d'une manière absolue leur déposition sur la marche de
l'instruction, étant donné que le principe du secret n'est pas
absolu, au moins dans la pratique actuelle, et que le Juge
d'instruction est soumis, dans la mesure que nous avons indiquée plus haut, au contrôle du Parquet et du Gouvernement.
Mais il n'en est pas moins particulièrement délicat, pour une
Commission d'enquête, de recourir à ce moyen d'investigation. S'il s'agit d'une instruction en cours, la divulgation des
renseignements qui lui sont donnés peut être des plus préjudiciables pour l'intérêt des poursuites ou pour celui de
l'accusé. S'il s'agit d'une instruction close, il est bien difficile
que l'enquête parlementaire n'aboutisse pas à une sorte de
revision de l'instruction et à une appréciation des résultats
qu'elle a donnés, toutes choses absolument inconciliables avec
le principe de la séparation des Pouvoirs.

(1) Lettre de M. le Premier Président au Directeur du journal *le
Temps*, 30 novembre 1892.
(2) *Le Temps*, 25 juillet 1897.

Ces divers inconvénients se présentent avec une gravité
plus frappante encore lorsque la Commission d'enquête ne
réclame pas seulement la comparution et la déposition des
Magistrats, mais lorsqu'elle prétend faire porter ses investigations jusque sur les pièces écrites que détient la justice. Ces
pièces sont de deux sortes : ou bien elles ont été saisies entre
les mains des justiciables par les Magistrats, en vertu des
pouvoirs que leur donne la loi pour la répression des délits,
ou bien ce sont les divers actes de procédure, réquisitoires,
ordonnances, procès-verbaux d'audition de témoins ou d'in-
terrogatoire des inculpés, rapports d'experts, etc...

La communication de ces pièces, au cours d'une instance,
peut singulièrement entraver la marche de l'instruction : le
Juge, n'ayant plus en mains les pièces qui lui sont nécessaires,
ne peut poursuivre librement son enquête et, en admettant
même que les dossiers soient communiqués sur place, il n'en
résulte pas moins des retards des plus préjudiciables à la bonne
administration de la justice. La communication sur place n'est
d'ailleurs qu'un expédient provisoire auquel ne s'arrêtent pas
toujours les Commissions d'enquête ; ce mode de procédure
constitue pour elles-mêmes une gêne qu'elles supporteront
avec impatience : disposées à se faire une idée très haute de
l'importance de leur mission, elles n'hésiteront pas à mettre
en balance cette importance avec celle de l'instruction et il
est à craindre que cette comparaison se termine à leur avantage. Elles demandent alors communication des dossiers, et,
comme la lenteur de la procédure n'est pas un monopole
du Pouvoir judiciaire, l'instruction se trouvera arrêtée, jusqu'à ce que la Commission ait terminé un examen que les
circonstances politiques contribuent trop souvent à faire
traîner en longueur.

La communication du dossier d'une instruction en cours présente un second danger non moins grave : une instruction est un tout complet, dont on ne peut détacher telle ou telle partie, sans risquer de se tromper lourdement sur son résultat définitif. Ce n'est qu'après un examen attentif de toutes les pièces qu'il a pu se procurer, après audition de tous les témoins, après leur confrontation, après toutes les mesures, en un mot, qui peuvent paraître utiles à la manifestation de la vérité, que le Juge peut prendre une décision définitive et porter un jugement éclairé sur les faits qu'il a constatés. Tant qu'une instruction n'est pas close, on peut douter de l'authenticité des pièces produites, de la véracité des témoins ou des parties. Le Juge d'instruction sait quelle réserve il doit apporter dans la recherche des preuves de culpabilité de l'inculpé. Si l'on met entre les mains d'une Commission parlementaire les pièces d'une instruction en cours, il est beaucoup plus difficile à cette autorité de se rendre compte de la valeur exacte de ces pièces. Elle est disposée à leur donner, selon les passions politiques de ses Membres, une importance excessive ou insuffisante. Forcément, cette Commission sera amenée à apprécier les résultats fournis par l'instruction et à peser plus ou moins directement sur la décision du Juge. Cette influence se fera sentir dans des conditions vraiment désastreuses pour la justice, puisqu'elle ne sera pas assez éclairée et que, d'autre part, elle sera déterminée souvent par des idées toutes autres que l'impartialité et l'expérience. Fût-elle absolument éclairée, qu'il faudrait encore écarter cette influence, car le principe supérieur de la séparation des Pouvoirs est ici directement mis en cause et l'on ne peut accepter qu'une délégation du Pouvoir législatif dicte sa décision au Pouvoir judiciaire.

La loi elle-même met un obstacle indirect à la communication du dossier d'une instruction judiciaire. L'article 38 de la loi du 29 juillet 1881 interdit la publication des actes d'accusation et de tous autres actes de procédure criminelle ou correctionnelle avant qu'ils aient été lus en audience publique. Sans discuter la question de savoir si la simple communication de ces actes à une Commission parlementaire ne constitue pas le délit de publication prévu par cet article, il est trop certain qu'en fait les Commissions ne se croient pas astreintes au secret; même dans le cas où la majorité de la Commission décide de ne pas publier les renseignements qu'elle reçoit, il arrive fréquemment que la minorité refuse de se soumettre à cette décision (1). Dans ces conditions, la communication à une Commission d'enquête constitue toujours une publication au moins indirecte et elle viole le principe du secret de l'instruction.

En admettant que la Commission d'enquête suspende son jugement jusqu'après la clôture du procès criminel, il est à prévoir que la connaissance qu'on lui a donnée du dossier l'amènera à discuter la sentence, ou tout au moins à exprimer son opinion sur les résultats de l'instruction. Cette intervention du Pouvoir législatif n'est pas moins grave, car elle supprime l'indépendance du Pouvoir judiciaire pour les procès à venir et elle peut anéantir son autorité morale sur les citoyens.

Parmi les pièces qui constituent le dossier dont la Commission désire communication, il en est qui sont la propriété de tiers sur lesquels la Chambre ni sa Commission n'ont aucune espèce d'autorité. Il s'agit des pièces saisies par le

____

(1) Séance de la deuxième Commission d'enquête du Panama, du 23 juillet 1897.

Magistrat instructeur ou déposées entre ses mains par les intéressés ou par les témoins. Il serait donc juste que les propriétaires de ces pièces fussent appelés à donner leur consentement.

Ceci, d'ailleurs, se rattache à une objection qui nous paraît absolument capitale. Une instruction judiciaire est faite en vertu de pouvoirs spécialement confiés par la loi aux Magistrats pour la répression de certains délits. Ces pouvoirs constituent de graves atteintes aux droits individuels : à la liberté, tout d'abord, par le pouvoir donné aux Magistrats d'arrêter les inculpés, de forcer tous ceux qui ont connaissance de l'affaire de comparaître et de déposer ; à l'inviolabilité du domicile et à la propriété privée par le pouvoir de perquisition et de saisie. Lors même que les témoins ont parlé librement ou qu'ils ont déposé des pièces entre les mains du Juge, l'on peut dire qu'ils l'ont fait non seulement en raison du pouvoir de coercition des Magistrats, mais surtout parce qu'ils se sont rendus compte de l'intérêt social de la répression des délits et de l'administration de la justice. Il est bien certain qu'une Commission d'enquête parlementaire n'a pas, dans le silence de la loi, ce pouvoir de coercition qui est propre à la Justice ; elle ne pourrait décerner des mandats de comparution ou d'arrêt, ni faire de perquisition. Il est bien certain également qu'un Juge d'instruction ne pourrait user de ses pouvoirs légaux dans le seul but de mettre à la disposition d'une Commission parlementaire les documents qu'elle désire se procurer. La situation est-elle modifiée par ce fait qu'une instruction a été régulièrement ouverte, et que les témoignages ont été recueillis et les perquisitions faites en vue de la poursuite d'un délit ? Il est à craindre, tout d'abord, une complaisance fâcheuse, permettant d'ouvrir une instruction purement factice et qui serve simplement à colorer les actes que l'on veut accomplir. Mais laissons cette considération de côté. De fort bons auteurs ont soutenu que, dès l'instant que l'atteinte aux droits individuels avait été régulièrement portée par le Pouvoir judiciaire, dans un but judiciaire, la Commission d'enquête pouvait profiter des renseignements ainsi recueillis, car, en le faisant, elle ne porte elle-même aucune atteinte aux droits des particuliers. Il ne nous est pas possible d'admettre cette manière de voir; ou qu'il serait trop facile, comme nous l'avons fait remarquer, de suppléer ainsi au silence de la loi sur les pouvoirs des Commissions d'enquête, il nous semble qu'il y a une sorte de détournement de pouvoirs dans le fait de permettre à la délégation de la Chambre d'obtenir communication de pièces réunies dans un but absolument précis et en vertu de pouvoirs que la loi n'avait confiés à leur dépositaire que dans ce but et non dans un autre. En ce qui concerne les documents saisis, notamment, leur propriétaire n'a pas été exproprié; ils sont sous la main de la Justice temporairement et seule la Justice peut s'en servir.

Ce serait donc une atteinte directe à la propriété que de les remettre, même à titre provisoire, à un autre Pouvoir, qui ne pourrait les prendre entre les mains de leur propriétaire. Il y aurait là une véritable violation du quasi contrat de dépôt forcé qui résulte de la saisie.

Quant aux dépositions faites par les témoins, ils ont parlé uniquement en vue d'éclairer la justice : ils ne se seraient peut-être pas présentés devant une Commission parlementaire ; ils auraient pu apporter une certaine réserve dans leur déposition. Ne peut-on pas dire qu'en dehors de l'instruction en vue de laquelle ils ont déposé, leur témoignage leur appartient et qu'il ne saurait être livré à l'examen d'un corps politique, sans leur consentement.

Il est vrai que l'on a prétendu légitimer les communications des dossiers d'instruction aux Commissions d'enquête en se basant sur l'article 55 du décret du 8 juin 1811, lequel est ainsi conçu :

« En matière correctionnelle et de simple police, aucune « expédition ou copie de pièces ne pourra être délivrée aux « parties sans autorisation expresse de notre Procureur « général. » L'on a tiré de ce texte l'argument suivant : « Bien que cette dernière disposition vise un cas spécial, il « est certain que, loin de prohiber la communication des « pièces, elle en suppose la possibilité. Aussi ne s'étonnera- « t-on pas que, dans la pratique, le mode de procéder qu'elle « indique ait été généralisé et que, dans tous les cas où une « demande de communication a lieu, il soit statué sur cette « demande par le Procureur général qui apprécie s'il con- « vient de l'accorder ou de la refuser » (1). Pour nous, nous pensons que cet argument de texte est absolument sans valeur, en ce qui concerne la communication d'une procédure criminelle à une Commission parlementaire. Il ne faut pas perdre de vue, en effet, que, spécialement, quant aux pièces saisies, la communication fait échec au droit du propriétaire de ces pièces. Cette atteinte ne peut être légitimée que par un texte précis l'autorisant ou du moins en supposant nettement la possibilité. Or, le décret de 1811 ne fait que statuer sur une question de procédure : tenant compte à la fois de l'intérêt de la société et de celui des parties, et, parmi ces dernières,

---

(1) Rapport de M. Savary à l'Assemblée nationale, sur l'élection de la Nièvre, en 1875.

il ne faut compter que le plaignant et l'inculpé, il décide que
communication pourra leur être donnée, mais sur l'autorisation du Procureur général. Cette disposition a donc un sens
très précis : elle se justifie parfaitement. Mais il nous paraît
absolument contraire aux principes du droit d'en étendre le
sens bien au delà du texte et du cas très spécial qu'il a voulu
viser, de manière à permettre de donner communication à
des personnes autres que celles dont il s'occupe et qui, elles,
n'ont aucun droit de propriété à faire valoir à l'appui de leur
demande.

Nous verrons ce qui en est de la pratique : mais il faut
bien remarquer qu'en une pareille matière, qui touche aux
droits individuels, des précédents même nombreux ne peuvent créer un droit, lorsqu'ils sont manifestement contraires
aux dispositions légales qui, en apportant dans certains cas
des limites aux droits individuels, constituent, par contre, autant de garanties qu'on ne peut leur porter atteinte en dehors
de ces cas.

Si l'on écarte le cas des Commissions d'enquête investies
de pleins pouvoirs par une Assemblée unique et souveraine,
comme le fait s'est produit en 1848 et 1871, la première communication du dossier d'une instruction judiciaire à une
Commission parlementaire eut lieu, en mars 1875, dans l'affaire
de l'élection de la Nièvre. Le Garde des sceaux, ayant refusé
cette communication, en se basant sur le respect du droit de
propriété et sur le principe de la séparation des Pouvoirs, la
Commission en référa à la Chambre ; pour éviter un échec,
le Garde des sceaux se retira et son successeur accorda la
communication demandée. Il s'agissait d'ailleurs d'une instruction déjà close.

Cet exemple montre d'une manière particulièrement caractéristique l'omnipotence de l'Assemblée, à qui il suffit d'exprimer une volonté, fut-elle même incorrecte, pour que le Cabinet actuel ou son successeur lui donne satisfaction.

Cette jurisprudence trouva son expression dans une circulaire fameuse adressée par M. Dufaure, Garde des sceaux, au sujet des relations de la Magistrature avec la Commission d'enquête générale sur les élections de 1877. Cette circulaire, adressée aux Procureurs généraux, décidait dans quelles conditions les Magistrats devaient comparaître et déposer devant la Commission ; elle ajoutait : « Il en sera de même « pour la communication des documents judiciaires. C'est à « vous spécialement, Monsieur le Procureur général, que les « lois attribuent le droit de les mettre au jour ou de les tenir « secrets.

« Vous ne pouvez oublier les ménagements que comman-« dent tantôt l'intérêt public, tantôt l'honneur d'un indi-« vidu ou d'une famille, quelquefois les nécessités d'une « instruction qui n'est pas terminée. Si vous éprouviez quel-« ques doutes, vous voudrez bien m'en référer, et, par un « examen attentif et de bonne foi, nous parviendrons tou-« jours, je l'espère, à éviter des conflits que nous serions les « premiers à regretter. »

Il résultait de là qu'une Commission d'enquête pouvait demander au Procureur général communication d'une instruction close ou même en cours, et que celui-ci pouvait l'accorder, sauf un droit d'appréciation des circonstances qu'il exerçait sous l'autorité du Garde des sceaux.

Ce droit discrétionnaire du Parquet et du Garde des sceaux fut, paraît-il, mis en usage par M. Mazeau qui, étant Garde des sceaux, refusa de communiquer le dossier d'une instruction en cours, à la Commission d'enquête sur l'affaire dite des décorations.

La première enquête dite du Panama vit soulever, dès ses débuts, cette question de la communication d'une instruction n'ayant pas encore abouti à un jugement. Le Procureur général s'étant refusé à la communication qui lui était demandée, soutenu d'ailleurs par les protestations de la défense (1), le Cabinet fut renversé. Le nouveau Ministère changea le Procureur général et décida d'accorder la communication en se fondant sur ce que l'argument tiré de la loi de 1881 n'était pas opposable à une Commission parlementaire et sur les principes de la circulaire Dufaure.

« Il en résulte déjà ce premier point, disait le Garde des
« sceaux à la Chambre des Députés (2), que la communication
« d'un dossier relatif à une instruction qui n'est pas encore
« arrivée au jour où le débat oral et public commence, est en
« principe interdite : mais que, cependant, à la condition de
« réserver les droits nécessaires des tiers, l'honneur des
« familles ou même d'un individu, enfin les nécessités mêmes
« de l'instruction en cours, il n'y a pas interdiction absolue
« de faire cette communication ; qu'en d'autres termes, le
« Garde des sceaux, et je ne me dissimule en aucune façon
« l'étendue des responsabilités que j'assume en apportant
« une pareille réponse à la tribune, le Garde des sceaux a un
« droit d'examen et de décision. C'est en somme et je ne con-
« nais pas dans la Magistrature que j'ai revêtue un devoir
« plus grave et plus haut que celui-ci, c'est en somme la con-
« science du Garde des sceaux qui est constituée comme le

(1) *Le Droit*, 1er décembre 1892.
(2) Séance du 8 décembre 1892.

« Juge suprême en cette question ; c'est à sa conscience à
« décider dans quelle mesure et jusqu'à quelle limite la com-
« munication d'un dossier qui n'est pas encore arrivé au
« débat oral et public et qui n'appartient pas encore à la publi-
« cité toute entière, peut être ou totalement ou partiellement
« communiqué dans un intérêt public.

« Messieurs, nous connaissons un certain nombre de cir-
« constances dans lesquelles l'autorité judiciaire, les Procu-
« reurs généraux, le Garde des sceaux exercent ce droit. Ils
« l'exercent, par exemple, lorsqu'un fonctionnaire d'une
« administration quelconque, étant l'objet d'une poursuite
« judiciaire, il peut y avoir, pour l'Autorité administrative de
« laquelle dépend ce fonctionnaire, un acte disciplinaire à
« accomplir vis-à-vis de lui. Il est alors de jurisprudence
« constante qu'il y a des circonstances dans lesquelles le Par-
« quet communique au chef d'une administration les docu-
« ments qui concernent un de ses fonctionnaires, pour
« permettre à ce chef de prendre à l'égard de son subordonné
« des mesures disciplinaires.

« Je considère, Messieurs, qu'il y a, dans le mandat que
« vous avez donné à votre Commission d'enquête, quelque
« chose de tout à fait analogue à ce pouvoir disciplinaire que
« je viens d'indiquer. J'estime en effet, que ce que la
« Chambre a voulu, en constituant cette Commission, ce n'a
« pas été d'établir une juridiction en dehors et au-dessus des
« autres juridictions de ce pays, j'estime qu'elle a voulu con-
« stituer une sorte de jury de l'honneur parlementaire. »

Nous avons tenu à citer dans son texte toute cette argumentation, parce qu'à l'examiner de près on aperçoit le peu
de solidité de la théorie adoptée par le Gouvernement. L'im-

portance donnée à la circulaire Dufaure était toute politique, il faut bien l'avouer : le Garde des sceaux de 1892 était heureux de mettre en avant le nom d'un homme d'Etat qui avait toujours passé, dans son parti tout au moins, pour respectueux de la loi et de la justice. Cette circulaire d'ailleurs, par les circonstances dans lesquelles elle a été faite et que nous avons rappelées plus haut, avait par elle-même un caractère politique très marqué. Cela peut suffire à motiver quelque défiance à l'égard de sa valeur juridique : c'était une thèse de circonstance. Le Garde des sceaux de 1892 avait jugé nécessaire de justifier lui-même les principes posés par cette circulaire, en mettant en avant l'usage de la communication des dossiers à l'Administration en matière disciplinaire, et en montrant que l'espèce était analogue, puisqu'il s'agissait, pour la Chambre, d'exercer une action disciplinaire sur ses Membres. Que valait cette prétendue justification?

Nous ne sommes pas persuadé que l'usage invoqué en faveur de l'Administration, soit bien régulier et surtout bien légitime. Les dossiers criminels se forment à l'aide de pouvoirs spéciaux donnés dans un but précis et limité : s'en servir, dans un autre but, constitue un véritable détournement de pouvoirs. Ce raisonnement s'oppose aussi bien à l'Administration qu'aux autres pouvoirs de l'Etat et aux particuliers (1).

---

(1) Les rares documents de jurisprudence que l'on puisse consulter sur la question, ne résolvant pas ces difficultés d'une manière absolument précise. Ils ont tous trait à des poursuites disciplinaires exercées contre des officiers ministériels, qui trouvent dans les règlements de leur profession une garantie spéciale contre l'arbitraire gouvernemental. Ces officiers ministériels ne pouvant être suspendus ou destitués qu'après une décision judiciaire, la question de communication d'un dossier d'instruction criminelle a pu être étudiée dans ces circonstances au point de vue

A supposer d'ailleurs que cette communication fut possible, elle aurait pour objet l'exercice d'un droit disciplinaire appartenant, sans contestation possible à l'Administration sur ses Membres. Mais nous avons dit ce qu'il fallait penser du droit de discipline exercé en dehors des cas limitativement prévus par le règlement, par une Chambre sur ses Membres. Il n'y aurait donc, dans ce cas, aucune analogie à invoquer.

Le Garde des sceaux avait eu soin de se réserver un droit discrétionnaire pour examiner les pièces à communiquer ou à réserver. En fait, il n'en usa pas, et crut devoir accorder la communication du dossier intégral, en se bornant à prier la Commission de ne pas compromettre les intérêts des prévenus par une publication des pièces qu'il communiquait. La Commission désigna une délégation de six membres qui dès

juridique. Il n'en est pas de même pour les fonctionnaires en général qui n'ont, en principe, aucune voie de recours contre les décisions de leurs chefs hiérarchiques, au moins quant à la preuve des faits qui leur sont reprochés. Il leur serait évidemment bien difficile de montrer que l'Administration a pris ses éléments de conviction dans des documents qu'elle n'avait pas le droit de consulter. Cette preuve supposée possible, ils n'en pourraient guère tirer de conséquences puisqu'ils sont révocables *ad nutum*.

Même pour les officiers ministériels, il ne semble pas que la question ait été posée directement aux tribunaux de savoir si la communication qu'on leur offrait d'une instruction criminelle était ou non admissible. Cependant, un arrêt de la Cour de Dijon, du 5 décembre 1884 (S. 86, 2, 102), a déclaré que le tribunal qui, saisi d'une poursuite disciplinaire contre un notaire, prenait connaissance du dossier de l'instruction criminelle actuellement suivie contre ce notaire, pour faux et abus de confiance, et s'appropriait ainsi les résultats d'une instruction secrète, commettait un abus de pouvoir d'autant plus grave que sa décision, intervenant sur une pareille communication, était de nature à préjuger la décision de la Cour d'assises et à causer un grave préjudice à la défense.

Mais, en général, la jurisprudence admet que les tribunaux, saisis d'actions disciplinaires, peuvent puiser leurs éléments d'appréciation dans le 14 décembre 1892 reçut communication du dossier par les soins du Procureur général.

La deuxième Commission d'enquête du Panama eut très facilement communication des dossiers des instructions closes ou en cours. Il en fût de même des rapports adressés par le Procureur général au Garde des sceaux, au sujet de poursuites à intenter à l'occasion de ces affaires (1). Ces rapports étaient plutôt d'ailleurs des pièces administratives que des documents judiciaires.

Ces précédents montrent ce que devient le pouvoir discrétionnaire d'un Garde des sceaux en présence d'une Commission d'enquête. Cela d'ailleurs avait été mis en lumière par le Rapporteur de la Commission d'enquête sur l'élection de la Nièvre, qui soutenait que le pouvoir du Garde des sceaux n'avait un caractère discrétionnaire qu'à l'égard des communications aux particuliers ou aux Administrations.

les pièces à conviction d'une procédure criminelle en cours d'instruction, pourvu que l'inculpé ait été mis en mesure de se défendre si ces pièces ont été jointes au dossier disciplinaire. (Cass. req., 4 janvier 1887. S. 87, 1, 32.) Nous ne pouvons, sur ce point, que nous associer aux doutes émis par M. Labbé, le savant professeur de la Faculté de Paris, qui trouvait bien extraordinaire cette preuve qui n'est pas à la disposition des parties, qu'il dépend du tribunal de consulter ou d'écarter du débat; car les particuliers n'ont pas le droit de se faire communiquer les dossiers de la justice repressive. « La loi civile, ajoute M. Labbé, a réglé la « manière dont se produirait la preuve testimoniale. (C. pr., art. 252 et « suiv., art. 407.) Tout a lieu contradictoirement; les témoins peuvent « être reprochés. Que deviennent ces garanties, si les Juges peuvent « former leur conviction sur des interrogatoires faits par le Juge d'in- « struction hors la présence des parties? » Sans doute, la loi du 8 décembre 1897 a donné de nouvelles garanties; le fond de l'argumentation n'en reste pas moins pour faire condamner les communications de dossier criminel en matière disciplinaire. (S. 79, 1, 395, note 1.)

(1) Séance du 18 juillet 1897.

« Discrétionnaire vis-à-vis du public, le pouvoir d'appré-
« ciation du Ministre cesse d'avoir ce caractère quand il se
« trouve non pas en face d'un simple justiciable, mais en
« face d'une Assemblée souveraine, dans l'exercice de son
« droit d'enquête. »

. . . .

« Pour qu'une telle communication devienne un devoir,
« il suffit qu'elle soit possible. Du moment qu'aucune loi ne
« la prohibe et que les chefs du Parquet ou de la Magistrature
« peuvent y procéder sans manquer à aucune règle profes-
« sionnelle, le droit d'appréciation qui leur appartient dans
« les hypothèses ordinaires, disparaît évidemment devant
« l'autorité supérieure de l'Assemblée et dans le cas même
« ou aucun précédent n'aurait consacré sur ce point le pou-
« voir réglementaire des Assemblées, il trouverait toujours sa
« sanction dans le principe de la responsabilité ministé-
« rielle. » (1)

M. Michon a fort bien démontré que cette prétention de
substituer l'appréciation d'une Assemblée à celle du Garde
des sceaux était directement contraire au principe de la
séparation des pouvoirs (2). Il n'en est pas moins vrai qu'en
fait le résultat est bien celui annoncé par M. Savary et que la
responsabilité ministérielle conduit ici à une véritable abdi-
cation.

Cette constatation est un nouvel argument pour démontrer les dangers de la pratique actuelle, qui d'ailleurs, n'a, à
notre avis, aucune base sérieuse dans le texte qu'elle invo-

____

(1) SAVARY, Rapport sur l'élection de la Nièvre. — Séance de l'Assemblée nationale, 25 février 1875.

(2) *Des Enquêtes parlementaires*, p. 115.

que, et doit être condamnée comme portant atteinte aux
droits individuels en dehors des cas prévus par la loi.

Il nous reste à examiner si les Commissions chargées d'enquêtes judiciaires trouvent, dans leur caractère spécial, des
pouvoirs plus étendus que ceux des Commissions politiques.
Nous avons reconnu que ces sortes de Commissions étaient
investies du pouvoir de commandement qui appartient à la
justice, mais qu'à défaut de texte, ce droit de commandement n'était pas sanctionné à l'égard des particuliers.

Ce pouvoir de commandement s'exerce soit à l'égard du
Gouvernement, soit à l'égard des particuliers. Mais son étendue varie selon qu'il s'agit de contentieux électoral ou d'une
procédure criminelle. Une Commission électorale a, de même
que tous les Tribunaux chargés de cette catégorie d'affaires,
le droit de convoquer des témoins et ces témoins peuvent être
des fonctionnaires. Il n'est pas nécessaire alors de s'adresser
aux Ministres, pour obtenir l'autorisation pour les fonctionnaires de comparaître ou de déposer; mais ils pourraient
invoquer le secret professionnel de la même manière que
devant les Tribunaux ordinaires. En matière de communication
de dossiers administratifs ou judiciaires, la Commission d'enquête électorale n'a pas une situation privilégiée en raison de
son caractère spécial. Le droit de perquisition et de saisie
n'appartient en effet qu'aux juridictions criminelles.

Une Commission d'enquête chargée d'instruire une proposition de mise en accusation a également le droit de faire
comparaître des fonctionnaires devant elle, et ce point a été
reconnu par le Ministre de l'Intérieur devant la Commission
d'enquête sur l'élection de Langres en 1842 (1). Elle a en

____

(1) MICHON, op. cit. p. 126.

outre le droit de se procurer, par voie d'autorité, les dossiers administratifs ou judiciaires; la perquisition et la saisie sont en effet des moyens d'instruction mis à la disposition des juridictions criminelles, et le pouvoir donné par la Constitution aux Chambres de procéder, dans certains cas, à l'instruction et au jugement de crimes a pour corollaire le droit pour elle de rechercher les preuves dans les conditions ordinaires de la justice criminelle.

§ V. — *Des rapports de la Commission d'enquête avec les particuliers.*

Nous avons dit que les Commissions d'enquête peuvent rechercher les renseignements qu'elles ont pour mandat de réunir, non seulement auprès des autorités gouvernementale et judiciaire, mais encore auprès des particuliers.

Pour arriver à ce résultat, la Commission peut, ou bien avertir qu'elle est prête à recueillir les renseignements que les particuliers pourront lui fournir, ou bien s'adresser nominativement à telle ou telle personne, en l'invitant à comparaître devant elle, ou bien lui envoyer un questionnaire à remplir. Ce dernier mode est surtout employé dans les enquêtes économiques, les autres sont presque exclusivement usités dans les enquêtes politiques ou judiciaires. Nous laisserons de côté pour l'instant ces dernières qui nous paraissent avoir un régime spécial.

La Commission d'enquête reçoit les renseignements qui lui sont fournis de leur plein gré par les particuliers.

Mais ceci peut ne pas suffire : une Commission peut-elle les obliger à comparaître et à prêter serment ?

Dans l'état actuel du droit, une Commission, chargée d'une enquête politique ou économique, n'a que les pouvoirs que lui a délégués la Chambre qui l'a investie de son mandat. Or, une Chambre n'ayant pas, à elle seule, le pouvoir de commandement à l'égard des citoyens, il en résulte que la Commission n'a pas davantage une telle autorité. Elle ne peut donc, en l'absence d'un texte légal, obliger les citoyens à comparaître ni à déposer. Elle ne peut le faire ni directement, ni indirectement.

Cette remarque peut avoir de l'intérêt lorsqu'une Chambre, abusant de son droit d'enquête, vise, non pas seulement les actes du Gouvernement qu'elle doit contrôler, mais encore les agissements de certains particuliers. C'est ainsi que la deuxième Commission d'enquête, dite du Panama, avait pris, le 13 décembre 1897, la résolution suivante :

« La Commission décide de nommer une Sous-Commis-
« sion de trois Membres, qui sera chargée d'arrêter la liste
« des personnes qu'il serait utile d'aviser qu'elles sont dénom-
« mées dans le projet de rapport, afin qu'elles puissent pren-
« dre connaissance du passage qui les concerne et demander
« si elles jugent à propos à être entendues par la Commission
« pour lui fournir des explications qui seront publiées aux
« annexes du rapport définitif. »

Conformément à cette résolution, des invitations furent adressées à l'effet de prendre communication du rapport, et un délai de vingt-quatre heures fut imparti aux intéressés, à dater de la communication, pour demander à être entendus en leurs explications.

Il y avait, dans cette manière de faire, sous couleur de rechercher la vérité, une sommation aux intéressés, avec menace indirecte pour les obliger à comparaître.

Il en est de même lorsque la Commission, mécontente de la non comparution de telle personne, dont elle jugeait le témoignage nécessaire, prend une résolution blâmant l'attitude de cette personne et menaçant de poursuivre son enquête sur ses agissements. (Résolution du 20 juillet 1897, relative à Cornélius Herz.)

Quels que soient les motifs que peuvent avoir les personnes citées à ne pas comparaître ou à se montrer réservées dans leurs dépositions, il semble incorrect de la part d'une Commission d'exercer à leur égard un moyen de contrainte indirecte, alors qu'elle n'a aucun droit sur elles. Il est vrai d'ajouter que ces moyens de contrainte sont généralement de peu d'effet.

La question de la comparution des particuliers, devant les Commissions électorales ou criminelles, se présente sous un autre aspect. Nous avons, en effet, reconnu qu'il résultait du droit de juridiction, donné dans certains cas aux Chambres, que les Commissions d'enquête nommées par elles, en vue d'instruction, avaient le droit de commandement attribué à l'autorité judiciaire, à l'égard des citoyens, sous la seule réserve que les sanctions pénales, étant de droit étroit, ne peuvent être étendues par analogie à cette juridiction.

Cette question est toutefois résolue par la pratique dans un sens contraire à cette théorie ; nous allons exposer les précédents et les documents de jurisprudence existant sur ce point.

La Commission d'enquête de 1842 s'était préoccupée de la question de savoir si elle pouvait convoquer des témoins et si elle pouvait leur déférer le serment. Elle réserva cette dernière question et se contenta de recevoir simplement les déclarations de personnes qui consentaient à comparaître devant elle. La Commission d'enquête électorale du 11 juin 1848 (élection de M. Laissac) exigea, au contraire, le serment de tous les déposants. Il faut remarquer, d'ailleurs, qu'à cette époque l'Assemblée constituante, investie de la souveraineté, venait d'instituer une Commission à qui elle avait confié des pouvoirs judiciaires pour faire une enquête sur les événements de juin. Cette Commission avait dès lors un pouvoir de coercition qui dut influer, au moins indirectement, sur la procédure des autres Commissions.

Les Commissions d'enquête de l'Assemblée nationale revendiquèrent le droit de « mander et faire comparaître « auprès d'elles les personnes en état de donner des rensei- « gnements », en se basant sur les pouvoirs donnés aux Commissions d'enquête sur les événements de juin 1818, du 11 mars 1871 et sur les marchés faits pendant la guerre ; on faisait remarquer que ces pouvoirs avaient été donnés, non par voie législative, mais par voie de simple résolution : dès lors, disait on, c'est que ces pouvoirs sont le corollaire naturel du droit d'enquête des Chambres (1).

On a très justement fait observer, à cet égard, que cette argumentation donnait une importance trop considérable à la forme adoptée par les Assemblées souveraines dans les enquêtes exceptionnelles que l'on rappelait (2). D'ailleurs, la formule même, employée dans ces circonstances par les Assemblées de 1848 et de 1871, montre bien qu'une délégation spéciale de sa souveraineté lui paraissait nécessaire pour donner de tels pouvoirs et que, sans cette délégation expresse, la Commission d'enquête ne pouvait les revendiquer.

(1) Rapport de M. SAVARY sur l'élection de la Nièvre. — Séance de l'Assemblée nationale du 25 février 1875
(2) MICHON, op. cit. p. 52.

La situation n'est plus la même pour les Chambres actuelles dont l'une ne peut prétendre avoir, à elle seule, la souveraineté. Aussi se servit-on, en 1876, d'une autre argumentation, consistant à dire qu'en l'absence d'une loi spéciale, venant réglementer la procédure à suivre pour l'enquête électorale, il fallait s'en référer au droit commun, c'est-à-dire au Code de procédure civile (1). Mais cette manière de voir se heurte d'abord au principe de la séparation du contentieux administratif et du contentieux judiciaire, qui ne permet guère d'appliquer au premier les règles du second. Or, l'enquête électorale serait plutôt, par sa nature même, à rapprocher des règles suivies par les tribunaux administratifs. On reste, d'ailleurs, toujours en présence du principe que les textes infligeant des pénalités ne peuvent être appliqués en dehors des hypothèses qu'ils prévoient d'une manière précise, ce qui ne permettait pas de recourir aux peines prévues par les articles 263 et 264 du Code de procédure civile.

Les Commissions d'enquête ont renoncé depuis à ces prétentions, et un rapporteur a déclaré, en juin 1878, que la loi ne permettait pas de forcer des citoyens à comparaître devant elles.

La jurisprudence a tiré de cette situation des conséquences que nous devons examiner : 1º au point de vue des diffamations que peuvent commettre des citoyens dans leur déposition devant une Commission d'enquête ; 2º au point de vue des outrages dont ils peuvent être l'objet, à raison de leurs dépositions.

Le témoin qui dépose devant un tribunal ne peut être

____

(1) Rapport de M. MARCEL BARTHE, à la Chambre des Députés, le 1er juin 1876.

l'objet d'une poursuite en diffamation, à raison de sa déposition. Il est couvert, à cet égard, par l'article 41 § 3 de la loi du 29 juillet 1881, qui est ainsi conçu :

« Ne donneront lieu à aucune action en diffamation, injure « ou outrage….. ni les discours prononcés….. devant les « tribunaux. Pourront, néanmoins, les Juges saisis de la « cause et statuant sur le fond, prononcer la suppression des « discours injurieux, outrageants ou diffamatoires et con- « damner qui il appartiendra à des dommages-intérêts. »

Avant la loi de 1881, le texte applicable était l'art. 367, § 2. du Code pénal, qui, après avoir édicté des peines contre la calomnie, statuait :

« La présente disposition n'est point applicable aux faits « dont la loi autorise la publicité, ni à ceux que l'auteur de « l'imputation était, par la nature de ses fonctions ou de ses « devoirs, obligé de révéler ou de réprimer. »

Sous l'empire de ce texte, le Tribunal correctionnel de Blayes avait refusé, par jugement du 21 mars 1878, d'appliquer l'immunité accordée au témoin à un citoyen qui avait déposé devant une Commission d'enquête électorale, pour les motifs suivants :

« Attendu que, s'il est de principe que le témoin ne peut « être recherché à l'occasion de sa déposition, hors le cas de « faux témoignage, cette immunité ne s'applique qu'à la per- « sonne qui a juridiquement la qualité de témoin, c'est-à-dire « celle qui réunit les conditions, offre les garanties, est sou- « mise aux formalités édictées par la loi, et vient déclarer, « sous la foi du serment, devant l'autorité investie du droit « de l'exiger et de le recevoir, ce qu'elle sait des faits litigieux;

. . . .

« Attendu que la qualité de témoin ne peut être conférée
« que par l'autorité à qui la loi a donné pouvoir de le faire;
« que c'est l'autorité judiciaire seule qui est investie de ce
« pouvoir; qu'à la vérité, le droit de vérification dont les
« Chambres sont investies, en ce qui concerne les élections
« de leurs Membres, implique le droit de s'éclairer, de se
« renseigner et, par suite, celui de déléguer à des Commis-
« saires d'enquête l'exercice de ce droit : mais qu'il ne s'en
« suit point de là que ces Commissions soient revêtues de
« l'autorité spéciale que la loi donne à la Justice seule, qu'elle
« soit civile, criminelle, militaire ou administrative, de con-
« férer aux personnes dont elle reçoit les déclarations, le
« caractère légal de témoins; qu'en l'absense d'une loi pré-
« cise, régulièrement votée et promulguée, qui accorde ce
« droit aux Commissions d'enquête, on doit le considérer,
« quels que soient les précédents plus ou moins applicables
« qu'on puisse invoquer, comme une prérogative exclusive-
« ment judiciaire..... »

La Cour de Bordeaux confirma ce jugement par adoption
pure et simple des motifs des premiers Juges (1).

Nous devons ajouter toutefois que les Chambres ne paraissent pas avoir accepté la doctrine de cet arrêt comme
définitive. Dans une enquête judiciaire, ordonnée pour rechercher s'il y aurait lieu de mettre en accusation un ancien
Ministre de la Guerre, en 1880, des déposants ayant demandé
s'ils jouiraient des immunités accordées par la loi aux témoins,
la Commission a fait, par son Président, la déclaration suivante :

« La Commission se considère comme investie d'un man-

____

(1) Arrêt du 26 juillet 1878 (S. 79, 2, 225).

« dat judiciaire ; elle entendra donc les témoins sous la foi du
« serment ; ces témoins seront couverts comme tous ceux qui
« déposent devant la Justice. Du moment où ils diront la vé-
« rité, ils n'auront rien à craindre ; l'autorité de la Commission
« est engagée dans la question ». (1).

A un autre point de vue, le témoin qui dépose en justice
est protégé contre l'outrage qu'il subit en raison de sa déposition par la loi du 29 juillet 1881, dont les articles 31 et 33
sont ainsi conçus :

« Art. 31. — Sera puni de la même peine, la diffamation
« commise par les mêmes moyens.... envers.... un témoin
« à raison de sa déposition.

« Art. 33. — L'injure commise, par les mêmes moyens,
« envers les corps ou les personnes désignées par les ar-
« ticles 30 et 31 de la présente loi sera punie..... »

Ces textes avaient été précédés par la loi du 25 mars 1822
dont l'article 6, § 2, statuait de la manière suivante :

« Le même délit (l'outrage fait publiquement d'une manière
« quelconque).... ou envers un témoin, à raison de sa dépo-
« sition, sera puni d'emprisonnement.... »

A l'occasion de l'enquête citée plus haut, le Tribunal correctionnel de Blaye, pour les mêmes motifs que ceux invoqués
à l'appui de son précédent jugement, a déclaré qu'il n'y avait
pas outrage à un témoin dans une injure adressée à un citoyen
ayant déposé devant la Commission parlementaire, et la Cour
de Bordeaux a consacré cette décision par adoption des motifs et en faisant remarquer en outre « que l'un des Commis-
« saires délégués, M. Floquet, à lui-même personnellement

(1) PIERRE, *Traité de Droit politique,* p. 611.

« reconnu que les personnes appelées à fournir des renseigne-
« ments n'avaient pas le caractère légal de témoins, ainsi qu'il
« résulte des paroles suivantes prononcées en juin 1878 devant
« la Chambre des Députés : « Nous savions parfaitement que
« nous ne pouvions pas, que la loi ne nous permettait pas de
« forcer les citoyens à comparaître devant vous » (1).

Dans l'une et l'autre des questions ainsi résolues par la Cour de Bordeaux, celle-ci a prétendu faire l'application d'un même principe, à savoir que les Commissions d'enquête électorale ne constituent pas des organes judiciaires, et que dès lors celui qui dépose devant elles n'est pas un témoin, dans le sens juridique du mot; et elle tire argument de ce que ces Commissions n'ont pas, comme un Tribunal ordinaire, le droit d'obliger les citoyens à déposer. Nous avons suffisamment développé le principe contraire pour ne pas être obligé de revenir sur ce point. Il nous suffira de rappeler qu'à notre sens la Commission d'enquête tire son caractère judiciaire du texte de la loi constitutionnelle du 16 juillet 1875, article 10, et de la nature de la fonction qu'elle est appelée à remplir. Il importe peu que la loi n'ait pas sanctionné par des peines les pouvoirs qu'elle confiait ainsi implicitement aux Chambres et à leurs Commissions. Sans doute, cet argument est spécieux, car il permet de dire que nous ne trouvons pas ici l'obligation imposée au témoin de comparaître et de déposer, obligation dont l'immunité ne serait que le corollaire indispensable (2).

Mais la Cour de Bordeaux reconnaît elle-même que le caractère de témoin ne peut être refusé à celui qui dépose devant une juridiction administrative. Or, devant le Conseil

(1) S. 79, 2, 225.

(2) MICHON, *Des Enquêtes parlementaires*, p. 74.

d'Etat, aucune loi n'a prescrit la forme des enquêtes que cependant la jurisprudence lui reconnaît le droit de faire, en s'appuyant sur l'article 14 du décret du 22 juillet 1806 : il appartient à la section, ou à l'assemblée du contentieux, de déterminer cette forme; sans doute selon un savant auteur, « elles doivent s'inspirer pour cela des règles substantielles, « édictées par le Code de procédure civile pour les mesures « analogues, mais elles ne sont point tenues d'appliquer les « règles secondaires et de forme (1). Spécialement en matière « d'enquête électorale, M. Laferrière déclare : la légalité et « l'utilité de l'enquête étant admises, la question se posait de « savoir si elle devait être considérée comme une enquête « judiciaire soumise aux règles du Code de procédure civile, « ou comme une simple information dont le Juge peut tracer « les règles et apprécier les résultats, à condition de lui « maintenir le caractère contradictoire qu'exige toute vérifi- « cation contentieuse. La jurisprudence n'a pas hésité à se « prononcer dans ce dernier sens » (2). Si donc les formalités édictées par le Code de procédure civile ne sont pas applica- bles de plano aux enquêtes ordonnées par le Conseil d'Etat, à plus forte raison doit-on écarter les peines prononcées par ce Code contre les témoins récalcitrants. En ce qui concerne les Conseils de préfecture, la situation est encore plus nette. Une loi relativement récente, en date du 22 juillet 1889, a eu pour objet de régler la procédure devant cette juridiction. Dans le titre II qui traite « des différents moyens de vérifi- cation » un paragraphe 3 est spécialement consacré aux

---

(1) LAFERRIÈRE, *Traité de la Juridiction administrative* (édit. 1887), t. Ier, p. 292.

(2) LAFERRIÈRE, op. cit. t. II, p. 340.

enquêtes et interrogatoires. Or, il ne parle nulle part de peines à infliger aux témoins récalcitrants. Faut-il en conclure qu'on n'ait pas à faire à des témoins véritables, puisqu'il n'y a pas pour les déposants obligation de comparaître et de déposer. Cela serait contraire aux termes même des arrêts de Bordeaux qui reconnaissent, comme nous l'avons déjà dit « l'autorité spéciale que la loi donne à la Justice seule, qu'elle « soit civile, criminelle, militaire ou *administrative*, de « conférer aux personnes dont elle reçoit les déclarations, le « caractère légal de témoins ». Cela serait également contredit par le texte de la loi du 22 juillet 1889 qui qualifie expressément de témoins, ceux qui déposent devant les Conseils de préfecture.

Il résulte de là que l'obligation sanctionnée par des peines légales de comparaître et de déposer n'est pas un élément essentiel du caractère de témoin.

Dès lors il n'y a pas de raison de droit pour ne pas considérer comme un tribunal dans le sens évidemment très général des articles 41, 31 et 33 de la loi du 29 juillet 1881, les Commissions d'enquête en tant qu'elles remplissent une fonction judiciaire, et pour ne pas voir de véritables témoins dans les personnes qui déposent devant elles. Il faut en conclure que ces témoins bénéficient de l'immunité et de la protection spéciale organisée par la loi (1).

La jurisprudence de la Cour de Bordeaux avait d'ailleurs soulevé des objections de la part d'un savant professeur à la Faculté de Paris. M. Labbé, dans une note sous les arrêts cités (2); avait reconnu que les personnes qui déposent

---

(1) ESMEIN, *Éléments de Droit constitutionnel* (1899). p. 732, note 3.

(2) S. 79, 2, 225, notes 1, 2 et 3.

devant les Commissions d'enquête sont des témoins, mais qu'ils ne peuvent être assimilés complètement à des témoins judiciaires. Il proposait dès lors, de leur accorder l'irresponsabilité, mais de leur refuser la protection spéciale contre l'outrage dont ils peuvent être l'objet à raison de leur déposition. En effet, disait-il, doit être considéré comme un témoin « quiconque fait le récit d'événements accomplis en sa pré-« sence ou dont il a connaissance directe ». Recherchant ensuite l'immunité accordée au témoin, il insistait sur le terme de l'article 367, § 2 du Code Pénal, qui ne punit pas de peines de la calomnie celui qui, par la nature de ses fonctions ou de ses devoirs était obligé de révéler. Or, « la juri-« diction confiée par la loi à la Chambre appelle un pouvoir « d'investigation et doit correspondre à un devoir, pour les « particuliers instruits des faits à apprécier, de lui dire la « vérité ». D'où il suit que le texte de l'article 367, s'appli-quait précisément à cette catégorie de déposants. Mais le principe de l'interprétation restrictive des dispositions pénales ne paraissait pas permettre, selon cet auteur, d'appliquer les peines de l'outrage au témoin judiciaire, à celui qui se rendait coupable d'un délit de cette nature à l'égard des personnes déposant devant une Commission d'enquête. La pénalité supposait, en effet, toutes les conditions du témoi-gnage judiciaire dans sa perfection : « l'irresponsabilité est « plus étendue, elle s'applique à tout témoignage qui peut « être considéré comme un devoir ».

Cette théorie très ingénieuse disparait devant le texte de la loi de 1881, qui n'exempte plus de toutes poursuites tous ceux qui accomplissent un devoir, comme l'article 367 § 2 du Code Pénal, mais simplement ceux qui prononcent des dis-cours devant les tribunaux (article 41, § 3). D'ailleurs, tout en reconnaissant la rigueur des déductions sur lesquelles elle avait été établie, nous ne pourrions l'admettre, car elle ne tenait pas compte du caractère judiciaire de la Commission d'enquête, caractère qui en fait un véritable tribunal.

Si le témoin qui dépose devant un tribunal, ne peut être l'objet de poursuites en diffamation, son irresponsabilité cependant n'est pas complète, car il peut être poursuivi pour faux témoignage. Mais les dispositions qui punissent ce crime ne sont certainement pas applicables en matière d'enquêtes électorales, car les articles 361 et suivants du Code Pénal ne prévoient que le faux témoignage en matière criminelle, correctionnelle ou civile (1). Il doit en être de même pour les enquêtes criminelles faites par les Chambres, par application du principe que le faux témoignage devant le Juge d'instruction n'est pas punissable.

En dehors des témoignages demandés aux particuliers, les Commissions d'enquête peuvent avoir besoin, pour accomplir leur mandat, de documents qui sont en leur possession. Il n'y a aucun obstacle, bien entendu, à ce que ces documents soient librement fournis par ceux qui en sont les propriétaires. Mais cette bonne volonté n'est pas fréquente, surtout quand ces propriétaires ont à craindre quelque dommage matériel ou moral pour eux. Il est bien évident qu'une Commission d'enquête politique ou économique n'a pas de pouvoirs suffisants pour apporter une limitation aux droits des propriétaires et pour s'emparer, malgré eux, des documents qu'ils détiennent. Mais elle peut être tentée de les obtenir par des moyens indirects ; nous avons dit ce qu'il fallait penser de la pratique de la communication des pièces saisies par la

---

(1) MICHON, *Des Enquêtes parlementaires,* p. 81.

justice et qui font partie d'une instruction régulière. L'on peut craindre que la Commission ne se serve d'un procédé analogue en réclamant des perquisitions et des saisies qu'elle ne peut faire par elle-même. Il suffit pour cela qu'un Juge d'instruction ordonne, soit à propos d'une instruction déjà ouverte, soit à propos d'une instruction entreprise à la demande expresse de la Commission d'enquête, des mesures propres à mettre sous la main de la justice les documents que désire s'assurer la Commission. Le cas d'une instruction ouverte sous la pression de la Commission s'est présenté lors de la première enquête sur le Panama; c'est, en effet, pour arriver à faire repousser le projet Pourquery de Boisserin, relatif aux pouvoirs à donner à la Commission, que le Gouvernement, en posant la question de confiance, annonçait son intention d'ouvrir une instruction complémentaire pour faits de corruption (1).

Toutefois, il faut supposer, pour cela, que le Juge d'instruction consente à sortir de son rôle véritable pour devenir l'auxiliaire de la Commission d'enquête. Quel que soit le pouvoir indirect de contrainte que possède, à son égard, le Gouvernement, il peut se faire qu'il résiste à la demande de la Commission et que le Garde des sceaux juge utile de ne pas l'obliger à se soumettre ou à se retirer, et l'on s'est adressé à une autre catégorie de fonctionnaires qui dépendent d'une manière beaucoup plus directe du Gouvernement. Il s'agit des fonctionnaires de l'ordre administratif que la loi investit des droits réservés en principe aux Juges d'instruction. L'article 10 du Code d'instruction criminelle est ainsi

____

(1) Séance de la Chambre des Députés, 15 décembre 1892. — Discours du Garde des sceaux et du Président du Conseil.

conçu : « Les Préfets des départements et le Préfet de police,
« à Paris, pourront faire personnellement ou requérir les
« Officiers de police judiciaire, chacun en ce qui le concerne,
« de faire tous actes nécessaires à l'effet de constater les
« crimes, délits et contraventions et d'en livrer les auteurs
« aux tribunaux chargés de les punir, conformément à l'ar-
« ticle 8 ci-dessus. » Il suffit, d'ailleurs, de lire ce texte pour
se rendre compte que ces pouvoirs spéciaux du Préfet de
police lui ont été confiés, non pas pour s'en servir dans un
but arbitraire, mais uniquement pour arriver à la répression
des délits. Qu'il n'y ait jamais eu de détournement de ces
pouvoirs dans un but politique, ce serait difficilement soute-
nable. Il n'en est pas moins particulièrement grave de voir que
ce détournement de pouvoirs, qui est une véritable atteinte au
principe de la séparation des autorités gouvernementale et
judiciaire, se produit de la part du Gouvernement sous la pression d'un organe du Pouvoir législatif, à qui le droit de
contrôle a été précisément confié pour empêcher de tels
abus.

Cette éventualité s'est réalisée lors de la première enquête
sur les affaires du Panama. La Commission, ayant réclamé la
saisie des papiers d'une personne décédée et dont le rôle,
dans ces affaires, avait été particulièrement important, la
Chambre des Députés s'associa, par un ordre du jour en date
du 28 novembre, au désir exprimé par la Commission. Le
Gouvernement, s'y étant refusé, dut se retirer et le Cabinet
qui lui succéda délégua un Commissaire de police pour assister à la levée des scellés et pour saisir les pièces intéressant
l'enquête ordonnée par la Chambre.

De même, à la demande de la même Commission, le
Préfet de police fit saisir, dans une Banque privée, certai-

nes pièces et les fit remettre, le 3 décembre 1892, à la Commission (1).

Cet exemple montre une fois de plus à quelles mesures arbitraires le Gouvernement peut être amené pour donner satisfaction à la Chambre populaire, dans un régime parlementaire. Nous ajouterons qu'un tel précédent, étant directement contraire aux principes élémentaires du droit, ne saurait être invoqué par la suite à titre d'interprétation de notre droit constitutionnel.

Les Commissions d'enquête électorale n'ont pas non plus le droit de perquisition et de saisie, qui n'appartient pas à la Justice administrative, chargée de statuer sur des affaires de même nature.

Ce droit, au contraire, doit être reconnu aux Commissions chargées d'une enquête criminelle, préalable à la mise en accusation d'un Ministre. Ces Commissions ont, en effet, les pouvoirs reconnus à la Justice criminelle, en général, et la seule différence qu'on puisse faire est que les sanctions pénales, prononcées par la loi contre ceux qui s'opposent aux opérations de telle ou telle autorité judiciaire, ne peuvent être étendues, en cas de résistance, aux actes d'une Commission parlementaire qui ne rentre pas dans les termes mêmes employés par la loi.

(1) PIERRE, *Traité de Droit politique*, p. 623 et suiv.

CHAPITRE IV

Conclusion des Enquêtes parlementaires.

Il résulte de la nature du mandat donné par la Chambre
à sa Commission d'enquête, que celle-ci doit présenter un
rapport sur ses opérations. Ce rapport est déposé en séance
publique et, si la Chambre l'ordonne, imprimé et distribué.
Cette impression peut comprendre également les dépositions
obtenues et les pièces fournies à la Commission. Tout cela
est question de procédure intérieure, à résoudre selon les
circonstances.

Si la Commission doit fournir un rapport, elle n'est pas
toujours obligée de présenter des conclusions définitives à
la Chambre. Une Commission, chargée de la préparation
d'un projet de loi, peut obtenir les pouvoirs nécessaires
pour procéder à une enquête préalable ; cette enquête une
fois faite, elle doit évidemment formuler des conclusions
fermes, qui prendront la forme d'une proposition de loi
destinée à donner satisfaction aux intérêts en présence.
Mais, une Commission est le plus souvent instituée pour
procéder à une enquête, sans que l'on sache, à ce moment,
s'il est nécessaire de prendre des mesures législatives. Cela
se présente notamment quand l'Assemblée cherche à se
rendre compte d'un état économique très complexe, et charge
sa Commission d'étudier, par exemple, la situation de telle

industrie, de l'agriculture, les rapports existant entre les ouvriers et les employeurs. Ici, la Commission peut se borner à réunir les renseignements qui lui sont demandés et à fournir des indications générales sur l'état de fait qui lui paraît résulter de ses investigations. Il appartiendra ensuite aux diverses Commissions, saisies de telle ou telle proposition de loi spéciale, de tenir compte des travaux de la Commission d'enquête.

Le plus souvent, toutefois, le rapport présenté au nom de la Commission d'enquête contient des conclusions précises qui peuvent être formulées soit en une proposition de loi, soit en une résolution. De la proposition de loi, nous n'avons rien à dire ; elle rentre évidemment dans les pouvoirs de la Chambre qui sera appelée à la discuter dans les formes réglementaires.

Il faut examiner, au contraire, ce que peuvent être les résolutions proposées par la Commission d'enquête.

Tout d'abord, la résolution peut avoir pour objet d'approuver ou de blâmer les mesures prises par le Gouvernement dans telle ou telle circonstance donnée : ce n'est alors que l'exercice régulier du droit de contrôle réservé aux Chambres sur le Pouvoir exécutif.

La résolution, en second lieu, peut avoir pour objet d'indiquer au Gouvernement la manière de voir de la Chambre sur un point qui rentre dans ses attributions propres et de l'inviter à user de ses pouvoirs en vue de tel ou tel but à atteindre. La question est délicate, car elle touche au principe de la séparation des Pouvoirs législatif et exécutif. Le Gouvernement a, en effet, l'initiative de sa politique extérieure et intérieure, et la Chambre ne doit pas substituer son action à la sienne. La Chambre n'a qu'un droit de contrôle et de critique, mais non un droit de commandement.

Or, il n'est pas douteux que telle invitation donnée par la Chambre au Cabinet, de faire tel ou tel acte, ressemble singulièrement à un ordre auquel le Cabinet peut difficilement se soustraire en fait Cependant, il faut bien admettre, dans le régime parlementaire, que le principe de la responsabilité ministérielle a pour conséquence une collaboration du Cabinet et des Chambres et une influence exercée par chaque Pouvoir dans le domaine de l'autre. Il ne faut donc pas condamner, en principe, les résolutions qui invitent le Gouvernement à faire tel acte, car celui-ci reste maître en définitive, ou bien d'en retarder l'exécution, ou bien même d'y renoncer ; si des explications lui sont demandées au sujet de son inaction, il rendra compte de ses motifs, que des circonstances auxquelles on n'aura pas prêté tout d'abord une importance suffisante, pourront faire admettre par la Chambre. Les précédents sont, d'ailleurs, depuis longtemps fixés dans ce sens.

Toutefois, et ceci est une question de mesure à garder, la Chambre doit éviter une intervention trop précise, qui substitue, en somme, sa responsabilité à celle du Cabinet et qui peut engager par avance ses décisions futures.

Les Commissions, chargées d'enquêtes judiciaires, doivent toujours proposer des résolutions, à la suite des rapports qu'elles présentent aux Chambres.

Les Commissions électorales proposent l'annulation ou la validation des opérations électorales qu'elles ont été chargées d'examiner. Le mandat qui leur a été donné a eu pour effet de dessaisir le Bureau qui avait primitivement examiné l'élection et elles ne pourraient se borner à renvoyer le dossier de leur enquête à ce Bureau (1).

Ce mandat est, d'ailleurs, très précis et limité à la question de validité des opérations elles-mêmes. Certaines Commissions ont été tentées d'élargir ce rôle et de présenter soit un rapport, soit des conclusions relatives à des faits observés à l'occasion de l'élection. Il est de jurisprudence parlementaire que ce rapport ou ces conclusions ne peuvent être discutées par la Chambre et qu'une fois la décision prise sur la validité de l'élection, la Chambre est dessaisie (2). Cette solution est d'ailleurs absolument conforme à notre manière de voir sur le caractère judiciaire des décisions des Chambres en matière de vérification de pouvoirs.

Les Commissions chargées d'enquêtes criminelles sur la question de savoir s'il y a lieu ou non de mettre les Ministres en accusation, doivent évidemment présenter, en même temps que leur rapport, une proposition de résolution sur la question qu'elles ont dû examiner. Ce projet de résolution, qui doit être motivé, consiste soit en une mise en accusation, soit en une déclaration qu'il n'y a pas lieu de poursuivre (3).

Mais une telle Commission sortirait de son rôle en proposant à la Chambre de déclarer ou en déclarant elle-même que le ou les Ministres, soumis à une enquête, sont ou ne

(1) PIERRE, op. cit. p. 388.

(2) PIERRE, op. cit. p. 389 et suiv.

(3) Résolutions prises par la Chambre des Députés à l'égard des Ministres de Charles X, les 27 et 28 septembre 1830. (PIERRE, op. cit. p. 645, note 1.)—Projet de résolution présenté à la Chambre des Députés par la Commission d'enquête sur les élections du 14 octobre 1877. (Séance du 13 mars 1879.)

sont pas coupables du crime de trahison : ce serait empiéter évidemment sur les attributions du Sénat. C'est cependant la forme qu'adopta, en 1881, la Commission chargée d'une enquête sur les actes du général de Cissey, comme Ministre de la Guerre, en déclarant sur la première question : « Le « général de Cissey est-il directement ou indirectement cou- « pable de trahison ? La Commission, à l'unanimité, a répondu négativement (1). » On croirait lire le verdict d'un Jury criminel et non l'arrêt rendu par une juridiction d'instruction.

Nous avons dit que le droit d'enquête ne pouvait être légitimement employé par les Chambres, lorsqu'elles n'ont pas le droit de décision et spécialement lorsqu'on leur propose d'exercer un droit de censure soit à l'égard de leurs Membres, soit à l'égard de fonctionnaires autres que les Ministres, soit enfin à l'égard de simples particuliers. Les mêmes raisons doivent faire condamner les conclusions d'une Commission d'enquête qui, instituée dans un but d'ailleurs légitime, par exemple pour contrôler la politique d'un Cabinet, proposerait, en outre, un vote de blâme à l'égard de personnes qui ne sont pas soumises à sa juridiction.

(3) *Revue des Deux Mondes*, 15 avril 1881, p. 949.

V. Michon, op. cit. p. 93 et suiv. — Quoique dise cet auteur sur les intentions de la Commission, il n'en est pas moins vrai que celle-ci a statué sur la culpabilité et non sur la mise en accusation. Elle n'avait pas à acquitter mais simplement à déclarer qu'il n'y avait pas lieu de suivre.

CHAPITRE V

Comparaison du Système français
avec les Systèmes étrangers et Conclusion.

Les développements qui ont été fournis sur les enquêtes
parlementaires en France, partent de cette idée essentielle,
qu'il n'existe pas de texte législatif, ni constitutionnel consacrant le droit d'enquête et déterminant les conditions dans
lesquelles il doit s'exercer. Dès lors, l'on a dû s'en référer soit
aux précédents, soit aux principes généraux du droit pour
résoudre les questions qui se posent, au point de vue de la
légitimité du droit d'enquête en lui-même, au point de vue
de ses limites, ou enfin quant à la procédure qui doit être
suivie. Il s'agit, en somme, d'une matière purement tradi-
tionnelle et, dès lors, forcément indécise en beaucoup de circonstances Ce silence de la loi n'est pas fait pour étonner
lorsqu'on se rend compte des difficultés que l'on aurait ren-
contrées à vouloir concilier les principes qui paraissent contradictoires et qui engagent, d'une part la liberté du travail
du Parlement, et de l'autre la séparation des Pouvoirs et les
droits des citoyens.

La conséquence de cet état de choses est que l'on préfère
s'en remettre aux circonstances et statuer sous leur influence.
L'on hésite, en temps ordinaire, à reconnaître aux Commis-

sions d'enquête des pouvoirs bien définis, sauf, en temps de crise sous le coup d'une nécessité politique plus ou moins sérieuse, à s'exposer à adopter des projets mal étudiés et qui peuvent être dangereux.

Il n'en est pas de même dans tous les pays, et certains Etats n'ont pas reculé devant l'étude de cette difficile question. Parmi ces derniers, la Belgique, l'Angleterre et la Hollande notamment ont adopté à cet égard une réglementation plus ou moins complète, plus ou moins homogène, dont nous allons essayer de fixer les traits caractéristiques, intéressants dans leur diversité.

La Constitution Belge avait reconnu expressément le droit d'enquête : mais ce n'est que le 3 mai 1880, qu'une loi vint régler les pouvoirs des Commissions d'enquête et la procédure qu'elles devaient suivre. Le système belge est caractérisé par ce fait que la Commission d'enquête jouit de tous les pouvoirs accordés au Juge d'instruction par le Code d'instruction criminelle (art. 4); elle peut les exercer par elle-même ou par l'intermédiaire de Magistrats de l'ordre judiciaire, mais ceci à titre exceptionnel.

Les peines fixées par le Code d'instruction criminelle sont applicables aux témoins, interprètes ou experts récalcitrants. Une disposition spéciale permet de punir des peines du faux témoignage, les déclarations mensongères des témoins, interprètes ou experts, à la différence de ce qui est admis pour les déclarations mensongères faites devant le Juge d'instruction (art. 9). Cette différence s'explique d'ailleurs par ce fait que les témoins appelés à déposer devant la Commission d'enquête ne comparaissent plus devant la Chambre au rebours de ce qui se passe devant les tribunaux criminels. Les séances où l'on reçoit les dépositions sont publiques (art. 3). Toutefois, et bien qu'elles reçoivent ainsi des pouvoirs définis, les Commissions d'enquête n'en constituent pas moins de simples délégations de la Chambre qui, à ce titre, peut restreindre l'étendue de ces pouvoirs (art. 4); de même elle peut les autoriser à opérer même après la clôture de la session (art. 13). La loi réserve d'ailleurs à la Chambre le droit de procéder elle-même aux enquêtes qui lui paraissent nécessaires (art. 2). L'autorité et le contrôle de la Chambre sur ses Commissions d'enquête sont donc soigneusement assurés.

Ce système a soulevé, à juste titre, les plus graves critiques : « Il est monstrueux, dit M. Michon (1), d'accorder les « pouvoirs exorbitants d'un Juge d'instruction à une Com- « mission d'enquête parlementaire. Il ne s'agit plus là du « grand intérêt social de la répression des délits qui justifie « cette mesure. La Commission va pouvoir faire des visites « domiciliaires chez toutes personnes, des perquisitions et « des saisies, fouiller les correspondances. C'est permettre la « violation de toutes les libertés constitutionnelles pour la « satisfaction d'intérêts politiques, de passions politiques « peut-être. On a dit quelquefois qu'il était impossible « d'admettre qu'une Commission d'enquête instituée par l'une « des Chambres, émanation du plus haut pouvoir de l'Etat, « ait des intérêts moins étendus qu'un simple Juge d'in- « struction.

« Repoussons toute assimilation, elle n'est ni rationnelle, « ni juridique. Il y a des différences essentielles entre la « mission des Magistrats instructeurs et celle confiée à une « Commission d'enquête. Les Juges d'instruction poursui- « vent des crimes et des délits, la Commission d'enquête

(1) *Les Enquêtes parlementaires,* p. 61 et suiv.

« constate une situation, elle établit des faits qui, la plupart
« du temps, ne tombent pas sous l'application de la loi pénale
« et même n'ont aucun caractère répréhensible. Les Juges
« d'instruction exercent leur action contre des coupables ou
« tout au moins des personnes sur lesquelles pèsent de graves
« présomptions de culpabilité; la Commission d'enquête se
« trouve en présence de personnes qui, presque toujours,
« n'ont enfreint aucune loi, mais, au contraire, ont exercé un
« droit et sont protégées, par une liberté constitutionnelle...

« Faut-il encore faire remarquer que le Juge d'instruction
« est responsable : s'il dépasse ses pouvoirs, il doit en ré-
« pondre, s'il cause un préjudice, il doit le réparer. Les
« Membres des Commissions d'enquête, au contraire, invo-
« queront l'immunité parlementaire pour prétendre agir avec
« l'irresponsabilité la plus absolue. »

Nous n'aurions qu'une réserve à présenter sur ce jugement; nous croyons que c'est avec raison que l'on reconnait
à une Commission d'enquête les pouvoirs du Juge d'instruction lorsqu'elle est chargée d'examiner une proposition ayant
pour but la mise en accusation d'un Ministre.

Nous n'insistons pas d'ailleurs sur les critiques que peuvent
soulever certaines dispositions secondaires de la loi belge,
comme celles qui concernent la publicité de l'enquête, soumise à l'arbitraire de la Commission, ou bien encore la faculté
de faire procéder à certains actes par des Magistrats de l'ordre
judiciaire, que l'on ne craint pas de mêler ainsi à des luttes
politiques.

La réglementation des enquêtes parlementaires, en Angleterre, n'a pas des conséquences aussi extrêmes qu'en Belgique,
et cependant les droits des deux Chambres sont munis de
sanctions rigoureuses. Il n'est pas étonnant de constater que

cette réglementation n'est pas résolue dans son ensemble par un texte unique : elle résulte des traditions parlementaires et de textes spéciaux. Tout d'abord, les deux Chambres n'ont pas, en cette matière, des usages identiques et les Commissions de la Chambre des Lords sont moins favorablement traitées que celles de la Chambre des Communes, notamment au point de vue de la comparution des témoins et de la communication de documents (1).

Les Commissions de la Chambre des Communes ont le droit d'assigner des témoins et de requérir de ceux-ci qu'ils apportent des documents. Les récalcitrants peuvent être déclarés coupables d'atteintes aux privilèges de la Chambre des Communes et emprisonnés par son ordre (2). Les témoins peuvent être astreints à prêter serment, depuis un statut du 16 août 1871 (34 et 35, Victoria, chap. 83). En cas de faux témoignage, ils sont punis des peines du parjure (même acte). D'autre part, et ceci est fort remarquable, les témoins sont énergiquement protégés contre les conséquences que peut entraîner leur déposition. Une loi du 28 juin 1892 (55 et 56, Victoria, chap. 64) contient la disposition suivante :

« Toute personne qui commet un des actes suivants, c'est-
« à-dire qui menace, ou, par quelque moyen, maltraite, lèse
« ou nuit, ou tente de maltraiter, léser ou nuire à toute autre
« personne pour avoir déposé dans une enquête, est, à moins
« que la déposition n'ait été faite de mauvaise foi, coupable
« d'un délit et punissable, après avoir été convaincue, d'une
« peine maxima de £ 100 ou d'un maximum d'emprisonne-

(1) FROMAGEOT, *Étude sur les pouvoirs des Commissions politiques d'enquête en Angleterre*, p. 20 et 21.

(2) FROMAGEOT, op. cit. p. 24 et suiv.

« ment de trois mois ». La sentence peut comporter, en outre, l'allocation de dommages-intérêts.

En définitive, le droit anglais se garde bien d'une assimilation quelconque des Commissions d'enquête du Parlement avec le Pouvoir judiciaire. Il est remarquable, notamment, que les Commissions n'ont pas le droit de perquisition. Leurs pouvoirs, ont leur source dans les privilèges des Chambres, privilèges traditionnels dont les effets peuvent être parfois taxés d'arbitraire. Ce système, par la manière dont il s'est formé et dont il est pratiqué, est propre à l'Angleterre et il ne saurait être question de le transporter sur le Continent, où les partis ne manqueraient pas d'en abuser.

En Hollande, le droit d'enquête est réglementé par une loi du 5 août 1850. Ce texte impose à la seconde Chambre, qui seule peut le mettre en œuvre, d'après la Constitution, des conditions spéciales d'étude. La résolution est promulguée au *Journal officiel*. Une fois constituée, la Commission peut convoquer des témoins qui sont tenus de comparaître et de déposer sous des peines allant de l'amende simple jusqu'à la détention pendant six mois. Ces peines sont d'ailleurs prononcées par les Tribunaux ordinaires. Les témoins peuvent invoquer le secret professionnel, dont la notion s'étend jusqu'aux secrets de la profession, du métier ou de l'industrie exercé par eux ou par leur famille. Le faux témoignage et la subornation de témoins sont punis. La communication des dossiers administratifs peut être demandée aux fonctionnaires publics, qui sont obligés, aux termes de la loi, de seconder la Commission dans l'accomplissement de sa tâche et de satisfaire à toutes les demandes faites en exécution de la loi. La Commission n'a pas le droit de perquisition et de saisie de pièces chez les particuliers.

Cette législation est caractérisée par le souci d'assurer le fonctionnement régulier du Pouvoir législatif tout en respectant le principe de la séparation des Pouvoirs et les droits des particuliers. Elle ne comporte aucune assimilation entre la Commission d'enquête et le Juge d'instruction. Les actes de coercition à l'égard des particuliers ne se font que par l'intermédiaire du Pouvoir judiciaire, assurant ainsi une garantie sérieuse aux droits individuels. Mais on lui reproche d'exagérer cette protection en privant le Parlement de documents qui peuvent lui être nécessaires.

Quoi qu'il en soit des inconvénients des systèmes que nous avons exposés, ils ne sauraient être comparés à ceux que nous révèle la pratique suivie en France. Les Commissions, auxquelles la loi n'accorde aucun droit précis, ne peuvent se résigner à l'impuissance où elles se trouveraient réduites par ce défaut de textes, et elles sont, bien naturellement, portées à y suppléer par des procédés indirects et plus ou moins réguliers. Certaines qu'elles sont d'être soutenues par les Chambres qui les a déléguées, elles usent à l'égard du Gouvernement de l'influence que leur assure la responsabilité ministérielle. Si le Cabinet fait mine de résister, elles en réfèrent à la Chambre et le Ministère est mis ainsi en demeure de céder ou de partir. Dans ce dernier cas, le Ministère qui lui succède est obligé, le plus souvent, de faire ce que son prédécesseur avait refusé. Sans doute, sa conduite peut s'expliquer alors par une conception différente, mais non pas nécessairement inexacte, des droits du Gouvernement et de la Chambre. Il n'en est pas moins vrai qu'en fait, ce changement d'attitude a, le plus souvent, une explication purement politique et parfois difficilement justifiable au point de vue du droit.

Quant à l'effet produit sur la Chambre et sur les citoyens, il est presque toujours profondément regrettable, au point de vue de la moralité politique. La Chambre et sa Commission sont encouragées dans leurs exigences et perdent facilement de vue la notion de la séparation des Pouvoirs, pour en arriver à croire à leur souveraineté. Les citoyens qui voient des Magistrats et des Ministres, après avoir déclaré que tel acte est interdit par la loi, s'y résigner sous la pression de la Chambre, perdent le respect du droit et y substituent la croyance à la force du parti qui a la majorité. Ces craintes ne sont pas vaines, si l'on se reporte aux exemples que nous avons cités dans le cours de ce travail, d'atteintes graves portées aux droits des citoyens par le Gouvernement, sous la pression d'une Commission d'enquête.

Le seul moyen d'éviter des abus en cette matière serait de réglementer, par voie législative, le droit d'enquête parlementaire. En en déterminant les limites, en assurant aux Commissions des pouvoirs précis et suffisants pour leur permettre de remplir leur tâche, on donnerait au Pouvoir exécutif un point d'appui pour résister à leurs empiètements et à leurs exigences injustifiées ; les particuliers seraient avertis de l'étendue de leurs droits et de leurs devoirs, et ils pourraient les faire respecter, tout en étant tenus d'apporter leur contribution à l'œuvre d'intérêt public poursuivi par le Parlement.

Une réglementation légale du droit d'enquête peut se concevoir à deux points de vue :

1° Quant à son objet ;

2° Quant aux pouvoirs à confier aux Commissions d'enquête.

Il peut paraître difficile de trouver une formule législative délimitant les cas dans lesquels une Chambre peut légitimement ordonner une enquête. Cette difficulté n'a pas trait aux enquêtes économiques ou judiciaires. Le droit des Chambres est ici bien certain et l'on ne conçoit guère qu'il puisse se présenter des contestations sur son étendue. Il n'en est pas de même en matière d'enquête politique : c'est sous cette forme que se présentent le plus facilement les usurpations du Parlement, soit qu'il veuille, sous prétexte de contrôle, diriger effectivement la politique du Gouvernement jusque dans ses détails, soit qu'il prétende se servir de cette arme pour atteindre des tiers sur lesquels il n'a pas autorité. Il ne serait peut-être pas impossible d'empêcher ces abus en obligeant les Chambres à préciser le mandat de leurs Commissions et en leur interdisant expressément tout exercice d'une censure morale sur d'autres que les Ministres.

Il faut reconnaître, d'ailleurs, qu'en admettant que l'on arrive à préciser d'une manière satisfaisante le domaine de l'enquête parlementaire, il resterait à trouver des sanctions pour empêcher le Parlement de sortir de ces limites. En l'absence de pouvoir permanent, supérieur aux Chambres, cette sanction ne peut être remise ni au Pouvoir exécutif, ce qui serait supprimer indirectement le droit d'enquête, ni à l'autorité judiciaire qui compromettrait son caractère en se mêlant aux luttes politiques. On se trouve ici en présence d'un obstacle à peu près insurmontable dans notre Constitution.

La question des pouvoirs à reconnaître aux Commissions d'enquête est beaucoup plus pratique. Elle n'a pas été résolue par la voie législative, parce que les circonstances exceptionnelles dans lesquelles elle se présentait provoquaient des propositions excessives, aboutissant à un échec inévitable.

C'est au moment de la première enquête sur le Panama que la Chambre des Députés a dû examiner un certain nombre de propositions relatives aux pouvoirs des Commissions d'enquête en général, ou de la Commission qui venait d'être nommée en particulier. Pour comprendre ces propositions, il faut se souvenir de l'affolement causé dans le Parlement par la campagne de dénonciations, qui avait été entreprise dans la Presse, et qui s'était traduite par une accusation collective apportée à la tribune. Se rendant compte du danger qui pourrait résulter de cette campagne pour l'État et pour la forme du Gouvernement, la majorité avait cherché à l'enrayer par la nomination d'une Commission d'enquête chargée de faire toute la lumière sur les agissements dénoncés. Mais, pour atteindre ce but, deux conditions paraissaient nécessaires : la première, que la Commission remplit son mandat avec la plus rigoureuse impartialité ne faisant grâce à aucun coupable et laissant de côté tout intérêt personnel ; — la seconde, qu'elle fut armée de tous les pouvoirs nécessaires pour se procurer, même par la force, les renseignements et les pièces dont elle pouvait avoir besoin dans l'accomplissement de sa mission.

Or dès les débuts de la Commission, certaines résistances de l'autorité judiciaire et du Gouvernement avaient montré l'insuffisance de ses pouvoirs. Dès lors on se préoccupe de rechercher les moyens de remédier à cet inconvénient.

M. Pontois, Député, avait pensé que la Chambre, ayant incontestablement le droit d'enquête, avait, par voie de conséquence, celui de déterminer ses pouvoirs et d'assurer le fonctionnement de sa Commission en faisant appel à l'autorité du Gouvernement. Dans ce but il déposa, dans la séance du 26 novembre 1892, un projet de résolution, dont l'article 1er était ainsi conçu : « Les Ministres seront tenus, « chacun en ce qui concerne son département, d'assurer « l'exécution des décisions des Commissions d'enquête « parlementaires ». L'article 2 permettait aux Commissions, en cas de refus du Ministre, d'en référer à la Chambre, qui pourrait lui enjoindre de faire procéder aux mesures d'instruction réclamés par la Commission.

Ce projet de résolution avait le tort d'être peu précis et de donner place au doute ; l'article 2 semblait se référer à la théorie de la responsabilité ministérielle et, en cela, il n'aurait rien eu d'incorrect, en principe, étant supposé que les mesures d'instruction réclamées rentraient dans les pouvoirs des Ministres. Mais le texte trop général de l'article 1er pouvait soulever de graves objections, on pouvait se demander *si toutes les décisions* des Commissions devaient être exécutées, sans que le Cabinet eut le droit d'en examiner la valeur juridique ou si le devoir des Ministres devait se borner à exécuter les décisions conformes à la loi. Le texte semblait bien adopter la première solution, ce qui eut permis à une simple Commission d'enquête, avec ou sans appel à la Chambre, de porter atteinte aux droits individuels en dehors des cas expressément prévus par la loi.

On ne s'y trompa pas d'ailleurs, car le projet de résolution fut transformé en proposition de loi et renvoyé à la Commission d'initiative parlementaire.

M. Pontois n'abandonna toutefois pas sa théorie et dans la séance du 5 décembre 1892, il argumenta encore des pouvoirs de la Chambre en matière d'enquête pour demander l'adoption d'une nouvelle proposition de résolution, autorisant la Commission du Panama à exercer tous les pouvoirs du Juge d'instruction et de la Chambre des mises en accusation. Le Président de la Chambre invita M. Pontois à transformer son projet de résolution en proposition de loi; et sur son refus, il lui dénia le droit de le soutenir comme contraire à la Constitution.

Il était dès lors bien certain que la Chambre ne tirait pas de son droit d'enquête celui de déléguer à sa Commission des pouvoirs que la loi ne lui reconnaissait pas à elle-même.

Une proposition de loi était donc nécessaire. L'occasion parut bonne pour combler les lacunes de notre législation en matière d'enquête et les auteurs des premières propositions déposées voulurent échapper du reproche d'édifier une loi spéciale, en réglementant les pouvoirs des Commissions d'enquête en général.

Une première proposition de M. Pourquery de Boisserin confiait aux Commissions d'enquête tous les pouvoirs résultant du Code d'instruction criminelle pour la constatation des faits criminels ou délictueux. Cela aurait donné à ces Commissions un pouvoir de contrainte allant jusqu'à leur permettre de décerner des mandats d'arrêt ou de dépôt et de prononcer des peines contre les témoins récalcitrants. Son exagération la fit repousser. Son auteur la remplaça par une seconde proposition ayant toujours un caractère général et qui se bornait à donner aux Commissions le droit de faire comparaître des témoins et de faire opérer des saisies de pièces. Une disposition spéciale punissait le faux témoignage.

Devant les critiques soulevées par ces propositions,

M. Pourquery de Boisserin chercha un modèle dans la loi belge et présenta, dans la séance du 22 novembre 1892 (1), un nouveau projet général en seize articles, réglant minutieusement la procédure à suivre par les Commissions pour obliger les témoins à comparaître, instituant des peines correctionnelles que l'autorité judiciaire devait appliquer, donnant à la Commission le droit de requérir des saisies de pièces à faire exécuter par des Magistrats. La Commission chargée d'examiner cette proposition en restreignit la portée à la Commission du Panama ; elle en simplifia les détails tout en en consacrant les dispositions essentielles (2).

Le Cabinet ayant été renversé, ces projets furent abandonnés. Ils furent remplacés par une nouvelle proposition émanant du même Député. Dans la séance du 5 décembre 1892, M. Pourquery de Boisserin renonçait à une réglementation générale des enquêtes ; mais il maintenait le droit de convoquer les témoins avec sanction, en cas de refus de comparaître ou de faux témoignage. Il adjoignit à la Commission un Juge d'instruction chargé d'exécuter les perquisitions et les saisies.

De plus la Commission pouvait réclamer la communication de toute procédure criminelle ou correctionnelle sans exception. Cette proposition fut soumise à l'examen d'une Commission qui en modifia les détails et remplaça l'adjonction d'un Juge d'instruction à la Commission d'enquête par la faculté pour le Président de cette Commission de délivrer des Commissions rogatoires aux Juges d'instruction.

La proposition ainsi amendée vint en discussion, devant

(1) Session extraordinaire de 1892. Annexes n° 2,420.

(2) Annexes de la Chambre, n° 2,460.

la Chambre des Députés, le 15 décembre 1892 ; elle fut énergiquement combattue par le Gouvernement qui prétendit qu'elle était inutile, puisqu'il entendait apporter le concours le plus absolu à l'œuvre entreprise par la Commission et qu'elle était contraire à la séparation des pouvoirs, puisque c'était, en fait, remettre l'action publique à une Commission parlementaire. La Chambre la repoussa.

Nous signalerons simplement d'autres propositions de moindre envergure et qui avaient pour but soit d'organiser la publicité des séances de la Commission d'enquête (Proposition Letellier, séance de la Chambre des Députés du 5 décembre 1892) soit d'accorder l'immunité aux dépositions et productions de pièces effectuées devant la Chambre ou ses Commissions (Proposition Goujon, devant la Chambre des Députés du 6 décembre 1892).

Toutes ces propositions, d'ailleurs, avaient soulevé dans la Presse politique et judiciaire les protestations les plus énergiques. Le grand grief que l'on mettait en avant pour les combattre, c'était qu'elles portaient atteinte au principe de la séparation des Pouvoirs, en donnant à une Commission du Pouvoir législatif des moyens d'information que la loi réserve, en principe, à l'autorité judiciaire. On allait jusqu'à dire, à ce point de vue, qu'une loi ne suffirait pas pour atteindre un tel but ; car le droit constitutionnel de la France consacrant le principe de la séparation des Pouvoirs et la Constitution écrite de 1875, n'ayant donné de fonctions judiciaires aux Chambres que dans des cas exceptionnels, limitativement indiqués, il fallait une revision de cette Constitution pour donner à une Commission chargée d'une enquête politique, les droits d'un Juge d'instruction. On faisait remarquer, en outre, le danger qu'il y avait à donner à des hommes politiques, dominés par les passions de leurs partis, le pouvoir de porter une atteinte grave à la liberté individuelle et à l'inviolabilité du domicile. Mais le reproche décisif qu'on pouvait faire aux propositions de MM. Pourquery de Boisserin et Pontois c'était que les circonstances exceptionnelles dans lesquelles on se débattait les avaient seules inspirées, et que leurs auteurs n'auraient pas craint de provoquer des mesures excessives dans le seul but de permettre aux Membres des deux Chambres soupçonnés, de se justifier. C'est ainsi que M. Pourquery de Boisserin disait à la Chambre, en déposant sa première proposition, qu'elle ébréchait, il est vrai, le grand principe de la séparation des Pouvoirs, mais que cette atteinte exceptionnelle était commandée par l'intérêt supérieur de la République. « La Chambre aurait le droit et le devoir, ajoutait-il, de la « refuser, si les allégations visaient des personnes étran- « gères au Parlement. Devant l'énergie des insinuations « dirigées contre les Députés, qu'on n'a pas le courage et « la possibilité de nommer, nous devons par tous les moyens « en notre pouvoir, faciliter le triomphe de la vérité (1) ».

Nous écartons cet argument tiré des circonstances spéciales à cette époque, s'il nous paraît en effet de nature à faire écarter, à un moment donné, des propositions qui ne peuvent être examinées avec le calme nécessaire, il ne touche en rien au fonds même du débat.

Reste donc l'argument tiré du principe de la séparation des Pouvoirs. Les adversaires des propositions soumises à la Chambre prétendaient qu'elles dépossédaient le Garde des sceaux du droit de mettre en mouvement l'action publi-

____

(1) *Le Droit*, 25 novembre 1892.

que, et les tribunaux judiciaires du droit de juger les crimes et les délits (1). Quant à ce dernier point, il ne peut être sérieusement soutenu, du moins d'une manière absolue. S'il était possible de dire, en effet, que la Commission pourrait, soit par ses investigations, soit surtout par ses conclusions créer un préjugé de nature à influer indirectement sur les décisions du Pouvoir judiciaire, encore faut-il remarquer que quelque étendue, abusive d'ailleurs comme nous l'avons montré, que la Chambre eut donnée au mandat de sa Commission, ce mandat n'allait certainement pas jusqu'à se substituer au Pouvoir judiciaire pour appliquer les peines prévues par la loi aux délinquants qu'elle aurait découverts. Mais la première partie de l'argumentation n'était pas plus exacte, car la Commission en décernant des Commissions rogatoires aux Magistrats, n'aurait pas mis en mouvement l'action publique ; ces Commissions rogatoires n'auraient pu avoir le caractère d'un réquisitoire introductif d'instance. Il s'agissait seulement de mesures ayant pour objet, non pas d'entamer une poursuite judiciaire, mais simplement de rechercher des renseignements que la Chambre jugeait nécessaires pour l'exercice du droit de discipline, qu'elle s'attribuait à tort d'ailleurs.

Il faudrait donc, pour démontrer que l'attribution aux Commissions d'enquête des moyens de coercition donnés par la loi pénale, au Juge d'instruction, constituent une atteinte à la séparation des Pouvoirs, faire la preuve que ces moyens de coercition constituent un attribut propre à la Justice.

Or, ce qui est essentiel au Pouvoir judiciaire, c'est de

____

(1) Discours de M. JUMEL. — Séance de la Chambre du 15 déc. 1892.

juger et non d'instruire. Car, toute autorité gouvernementale, administrative ou judiciaire, qui a un droit de décision,
a le droit et le devoir de préparer et d'instruire ses décisions.
Qu'elle ait, à ce point de vue, plus ou moins de pouvoirs,
que la loi n'accorde pas à toutes les autorités les mêmes
moyens d'action, soit parce qu'elles ne présentent pas toutes
les mêmes garanties, soit pour tout autre motif, cela est
évident. Mais les procédés d'instruction, quelque atteinte
qu'ils portent aux droits individuels, ne sont pas de véritables attributs du Pouvoir judiciaire si, par attributs, on
entend seulement les fonctions caractérisant un Pouvoir et
le distinguant des autres (1). Cela est vrai des procédés d'instruction comme cela l'est des modes d'exécution; l'hypo-
thèque judiciaire, la contrainte pouvant aboutir à une saisie,
sont des modes d'exécution qui sont attachés à certains
actes des autorités administratives, alors même qu'elles ne
statuent pas comme autorités contentieuses.

Ce sont pourtant des modes d'exécution que l'on est habi-
tué à voir attacher aux décisions judiciaires, mais que la loi
a pu, sans porter atteinte au principe de la séparation des
Pouvoirs, étendre aux actes administratifs.

Le principe de la séparation des Pouvoirs n'est donc pas
mis en jeu par la question des pouvoirs à reconnaître aux
Commissions d'enquête et le législateur peut, sans scrupule
juridique, examiner s'il y a lieu d'attribuer à ces organes des
moyens de coercition analogues à ceux du Pouvoir judiciaire,
pourvu cependant que l'application des peines aux té-

----

(1) Les Enquêtes parlementaires et la Loi en Italie. (LOUIS LUCAS et
WEISS.) — *Revue générale du Droit* (1888), t. XII, p. 144 et suiv.

MICHON, *Des Enquêtes parlementaires*, p. 93.

moins récalcitrants ou parjures soient réservée aux tribunaux

Ceci, d'ailleurs, n'est qu'une discussion de droit ; il nous reste à examiner s'il est bon que le législateur donne une pareille autorité aux Commissions d'enquête. A ce point de vue, il est bien certain que les arguments tirés de l'irresponsabilité des Commissions et du danger qu'il peut y avoir à remettre à des hommes politiques le pouvoir de porter atteinte à la liberté individuelle et à l'inviolabilité du domicile, conservent toute leur valeur. On ne peut attendre d'une Assemblée politique, où règnent les luttes de partis, l'impartialité et le désintéressement de l'autorité judiciaire. De graves abus de pouvoirs sont donc à craindre, et il importe de les redouter d'autant plus que la Commission d'enquête n'a au-dessus d'elle-même que la Chambre, qui n'offre pas plus de garanties. Il ne faut donc pas dire, avec certains, que les Assemblées politiques ne sauraient avoir moins de pouvoir, dans l'accomplissement de leurs fonctions, qu'un simple Magistrat. Le but poursuivi par les deux autorités n'est pas le même, les garanties qu'ils présentent ne sont pas comparables. Il n'y a donc aucun argument d'analogie à mettre en avant pour leur donner les mêmes moyens d'action.

En résumé, s'il n'est pas contraire au droit d'attribuer par une loi aux Commissions d'enquête des pouvoirs analogues à ceux de l'autorité judiciaire, en vue de rechercher les renseignements qu'elles doivent réunir, une telle mesure est des plus dangereuses pour la liberté des citoyens.

Il est cependant nécessaire que le droit d'enquête des Chambres ait sa sanction, et nous avons vu qu'à défaut de dispositions légales, les Commissions obtiennent parfois de

l'autorité gouvernementale des actes arbitraires plus dangereux encore. Les pouvoirs qui leur seraient reconnus par la
loi garantiraient les droits individuels en permettant aux
particuliers de résister légitimement lorsqu'on voudrait
exercer à leur égard un mode de contrainte non expressément prévu.

A ce point de vue, l'intervention du législateur serait à la
fois légitime et utile. Nous rappellerons, à cet égard, la distinction que nous avons faite, dès le début de ce travail, entre
les enquêtes politiques et économiques, d'une part, et les
enquêtes judiciaires, de l'autre.

Quant aux premières, une législation analogue au système suivi en Hollande nous paraîtrait concilier à la fois les
intérêts de l'Etat et les droits des particuliers. En obligeant
les particuliers à comparaître et à déposer, sous certaines
réserves protectrices d'intérêts respectables, en imposant à
l'autorité gouvernementale et administrative l'obligation de
prêter, dans les limites de son pouvoir légal, un concours
actif à ces Commissions, il ne semble pas qu'on impose des
entraves sérieuses à la liberté individuelle et au fonctionnement régulier des autorités. Aller plus loin et donner aux
Commissions le pouvoir de perquisitionner et de saisir ou de
se faire communiquer des dossiers d'instruction criminelle,
nous paraît avoir plus d'inconvénients et de dangers que
d'avantages réels. Si les Commissions peuvent user par
elles-mêmes de ces pouvoirs, il n'est pas douteux qu'elles
seraient tentées d'en abuser; si elles les exercent par l'intermédiaire de Magistrats, on risque de déconsidérer l'autorité
judiciaire en la mêlant aux luttes politiques.

En ce qui concerne les enquêtes judiciaires, il semble
que, dès l'instant que la Constitution a reconnu aux Cham-

bres des fonctions de cet ordre, elles doivent être exercées dans les mêmes conditions et avec les mêmes prérogatives que celles des tribunaux. La vérification des pouvoirs des Membres des deux Chambres n'est pas moins importante que celle des Membres des corps administratifs élus. Les crimes, dont la poursuite et le jugement sont dévolus aux Chambres, intéressent aussi gravement, plus peut-être, l'ordre social que les crimes déférés aux Cours d'assises. Les Commissions d'enquête, chargées d'en rechercher l'existence et de les déférer à la Haute-Cour, ne peuvent avoir des pouvoirs moindres que ceux des juridictions d'instruction de droit commun. Les abus qui peuvent en résulter sont déplorables ; mais il en est de même de l'abus qui peut être fait du droit de juger, et cette éventualité n'a pas arrêté la Constitution.

Ce système n'est pas complet, sans doute ; s'il a l'avantage de préciser les droits des diverses Commissions d'enquête, il ne donne pas aux particuliers une garantie absolue contre les excès de pouvoirs qu'elles peuvent commettre. Il reste toujours à régler la juridiction devant laquelle les citoyens pourraient réclamer pour atteinte illégale portée à leurs droits.

C'est une question de même ordre que celle que nous avons rencontrée à propos de la limitation législative du droit d'enquête du Parlement. Si cependant, comme nous avons réservé au Pouvoir judiciaire le droit d'appliquer les peines aux témoins récalcitrants ou parjures, les tribunaux auraient à examiner, en cas de poursuites, si la Commission n'a pas excédé ses pouvoirs légaux. Il en serait de même, lorsqu'on se serait opposé à une perquisition ou à tout autre mode d'instruction. Mais il n'y a pas à se dissi-

muler qu'on peut faire naître ainsi un conflit grave entre
l'autorité judiciaire et le Pouvoir législatif.

Peut-être la solution du problème, mais nous ne pouvons
que l'indiquer, serait-elle dans une institution analogue aux
Cours fédérales, qui peuvent prononcer sur la constitution-
nalité des actes du Pouvoir législatif lui-même. Dans une
société bien organisée, il ne nous paraît pas moins indispensable d'assurer le respect des droits de chaque citoyen
que de veiller au maintien d'un pacte fédéral.

René Decommier.

Vu :

Le Doyen,
GLASSON.

Vu :

Le Président de la thèse,
E. CHAVEGRIN.

Vu et permis d'imprimer :
Le Vice-Recteur de l'Académie de Paris.

Pour le Vice-Recteur :
L'Inspecteur de l'Académie,
FRINGNET.

10-99 2308 — Paris. Typ. Morris père et fils, rue Amelot, 64.